新编21世纪高等职业教育精品教材 ◆ 物流类

物流营销与客户关系

WULIU YINGXIAO YU KEHU GUANXI

主　编　王耀燕　王燕美
副主编　袁志兵　王建伟

中国人民大学出版社
·北京·

图书在版编目（CIP）数据

物流营销与客户关系 / 王耀燕，王燕美主编 . -- 北京：中国人民大学出版社，2024.7
新编 21 世纪高等职业教育精品教材 . 物流类
ISBN 978-7-300-32776-1

Ⅰ . ①物… Ⅱ . ①王… ②王… Ⅲ . ①物资市场－市场营销学－高等职业教育－教材②物资企业－企业管理－销售管理－高等职业教育－教材 Ⅳ . ①F252.2

中国国家版本馆 CIP 数据核字（2024）第 084537 号

新编 21 世纪高等职业教育精品教材·物流类

物流营销与客户关系

主　编　王耀燕　王燕美
副主编　袁志兵　王建伟
Wuliu Yingxiao yu Kehu Guanxi

出版发行	中国人民大学出版社			
社　　址	北京中关村大街 31 号		邮政编码	100080
电　　话	010 - 62511242（总编室）		010 - 62511770（质管部）	
	010 - 82501766（邮购部）		010 - 62514148（门市部）	
	010 - 62515195（发行公司）		010 - 62515275（盗版举报）	
网　　址	http://www.crup.com.cn			
经　　销	新华书店			
印　　刷	北京昌联印刷有限公司			
开　　本	787 mm×1092 mm　1/16		版　　次	2024 年 7 月第 1 版
印　　张	13.5		印　　次	2024 年 7 月第 1 次印刷
字　　数	329 000		定　　价	42.00 元

前　言

物流营销是市场营销的组成部分，是传统的市场营销体系在新形势下的必然发展，是一个新概念，也是市场需求链中最集中、最具活力的环节。

本教材按照项目教学法的要求进行编排，以物流营销与客户服务的业务流程设计任务，引导学生通过项目进程和任务推进，学习并运用物流营销环境分析、市场调研、市场定位、物流营销策略组合、物流营销服务管理等理论知识，服务于岗位工作的需要。在实训任务的开展过程中，本教材以实际的岗位工作任务为主线，通过每个项目任务推进和任务目标的实现，培养学生的职业能力，提升学生的专业素养。

本教材在编写过程中力求突出以下特色：

1. 学做一体，协调发展。以能力培养为目标，坚持知识、能力、素质协调发展，各项目通过任务驱动引导学生自主探索和协作学习，促使学生掌握物流营销的基本技能，从而更好地适应物流企业对人才的需求。

2. 注重实践，学练结合。从职业岗位分析入手，确定课程的技能训练内容。将校企合作企业提供的资源和素材作为每个项目的实训内容，形成典型的物流营销能力训练项目，并将企业实际运作的规范作为实训评分点。

3. 内容新颖，与时俱进。教材编写立足于我国物流业的发展实际，将时事热点融入其中，以便学生及时了解物流营销发展的最新动向。例如：以京东推出的"一盘货"解决方案、京惠系统等产品营销策略为例，导入产品营销策略的项目任务。

4. 价值引领，思政融入。教材充分贯彻党的二十大精神，在项目的案例及微课中融入习近平新时代中国特色社会主义经济思想和"以社会福祉为根本的利益相关者共赢"的新时代营销价值理念。

由于编者水平有限，书中难免有一些疏漏和不妥之处，敬请广大读者批评指正，如有建议请发邮箱 yywangzjcn@ywicc.edu.cn。

编者

目　录

项目一
市场营销与物流营销

📑 学习目标

※ 知识目标
理解物流营销的概念、基本术语、作用、原则，能够概括物流营销的基本特点。

掌握物流营销观念和物流营销理念的发展脉络。

了解物流营销人员的综合素质和专业素质。

※ 能力目标
能够从物流营销核心术语、物流营销观念和理念等角度分析物流营销案例，撰写分析报告。

能够在认识自身素质与物流营销人员素质差距的基础上，撰写个人物流营销素质分析报告。

能够正确区分各种物流营销理念，理解服务营销的特征。

※ 素养目标
具备营销人员的基本素质，树立正确的职业观。

能够以"人民美好生活"为导向，养成"利润最大化"的营销思维，树立时代责任和历史使命。

📚 引导案例

深入市场了解需求 做好铁路物流营销

在运输市场以煤炭、钢材、石油等大宗物资为主的阶段，铁路运输优势很大，但当运输市场变得碎片化、多样化时，铁路部门就无法适应，所以在全社会物流总量不断增长的情况下，铁路物流量却在逆市下滑。

市场随着经济社会变化，随着人民群众生活需要以及国家经济结构调整变化，物流价格也随着物流量大小、方式以及运输市场竞争程度而变化。虽然铁路物流在形式上逐渐向市场化靠拢，但是市场化步伐迈得并不大，跟不上物流市场变化的步伐，因此铁路货运要想在物流市场赢得更大的蛋糕，就要深入物流市场，加强市场调研，了解市场及人民群众的需求，了解物流市场运价变化情况，只有这样才能知己知彼、百战不殆。只有深入市场、依托市场，才能够形成合理的列车开行方式，随行就市制定合理的货物运输价格，从而赢得更多货源。

铁路物流营销，就是要紧盯市场变化，根据物流市场动态设计不同的、有市场竞争力的服务项目，让价格与市场接轨，满足物流市场的不同需要。铁路物流园区要形成一个集商贸、生产、销售、加工、仓储、物资运输为一体，为货主及企业降低物流成本的经营场所，同时要挖掘铁路运输潜力，制定合理的列车运输方案，同时让机、车、工、电等各相关单位协同动作，保证列车安全正点将货物送达。

随着全球经济一体化的快速发展，物流市场在质与量方面都会发生很大变化，面对复杂多变的物流市场，铁路要主动适应经济发展新常态，学会与公路、航空、水运等其他运输方式融合，完善供应链，"服务最后一公里"。

问题：

1. 什么是物流营销？
2. 在铁路运输中，物流营销的作用有哪些？

任务一　认知市场营销

一、市场营销的含义和核心概念

（一）市场营销的含义

关于什么是市场营销，不同的学者提出了不同的看法，本书采用美国营销大师菲利普·科特勒的观点："市场营销是个人和群体通过创造并同他人交换产品和价值以满足需求和欲望的一种社会管理过程。"这一观点主要体现了三大要点：

（1）市场营销的最终目标在于满足需求和欲望；

（2）营销的核心是交换；

（3）交换的成功与否取决于营销者创造的产品和价值能否满足客户的需要。

因此，可以说市场营销任务的本质就是需求管理。

（二）市场营销的核心概念

市场营销涉及的核心概念主要包括需要、欲望、需求、产品、价值、成本、满意、交换、交易、关系、市场、市场营销组合等。

1. 需要、欲望、需求

需要是指个人感到没有得到某些满足的状态。构成市场营销基础的基本概念就是人类需要。需要既包括物质的、生理的需要，也包括精神的、心理的需要。营销者只能通过营销活动对人的需要施加影响，而不能凭主观臆想创造人的需要。

欲望是指人想得到某些具体满足上述基本需要的物品和服务的愿望。人的需要是有限的，而人的欲望是无限的，强烈的欲望能激励人的主动购买行为。

需求是指愿意购买并且有能力购买某些具体产品的欲望。人具有购买能力时，欲望便会转换成需求。人的欲望几乎没有止境，资源却是有限的。因此，人想用有限的金钱选择那些最大限度地满足需求的商品或服务，当有购买力作后盾时，欲望就变成了需求。

2. 产品（商品、服务、创意）

具有交换价值并能满足交换双方需求与欲望的所有东西都可称为产品，产品可以表现为商品、服务和创意等。产品包括有形的产品和无形的产品，可触摸的产品和不可触摸的产品。电视机、汽车是产品，交通运输、动物园、博物馆、旅游景点等服务是产品，知识、智慧和创意也是产品。

服务通常是指满足人们需求的任何无形产品。营销学者一般是从区别于有形的实物产品的角度来研究和界定服务的。

创意就是平常说的"点子"、"主意"或"想法"。创意一般源于个人创造力、个人技能或个人才华。好的创意通常是科学技术和艺术的结合。无形产品或服务通常通过其他载体，诸如人员、地点、活动、组织等来提供。

3. 价值、成本、满意

（1）价值。价值主要是指客户价值，即客户从拥有和使用某产品中所获得的价值与为取得该产品所付出的成本之差。

例如：邮政普通包裹邮寄、EMS以及快递公司的快递服务等产品构成了可供选择的产品组。假设某一网上客户的运送目标是快捷、安全、方便、经济，上述每种产品都具有不同的性能，可以满足不同的目标。邮政的普通包裹邮寄服务看起来是最经济的，但是寄达所需时间长；EMS较快捷，24小时可寄达，最慢不超过72小时，安全保障也比较高，但是比较贵；快递公司发展至今，最迟三天内可送达，但是安全保障却比不上EMS。那么如何选择呢？这里就涉及客户价值。

客户价值是客户通过拥有或使用某个产品所获得的利益与取得该产品而支付的费用之间的差额。在这里，费用既可以是金钱，也可以是其他付出。物流行业的客户需要付出的最大一笔非金钱费用就是时间。在上面的例子中，客户选择邮政普通包裹邮寄服务支付的金钱少一些，但为此可能需要付出较长的等待时间，所以未必是最佳产品。

（2）成本。成本主要是指客户成本，包括时间成本、精神成本、体力成本和货币成本。

（3）满意。满意是指客户满意。客户是否满意取决于客户实际感受到的价值与其先前的期望之间的关系。如果产品的价值低于客户的期望，客户就不会满意；如果产品的价值符合客户的期望，客户就会满意；如果产品的价值高于客户的期望，客户就会大喜过望。客户的期望建立在过去的购买经验、朋友的意见以及营销人员和竞争者所提供的信息和做出承诺的基础上。因此，企业必须确定适当的期望水平。如果期望水平定得过低，就难以吸引客户；反之，客户可能又会失望。聪明的企业会做出适当的承诺，然后设法提供比承诺更多的价值，使客户获得意外的惊喜。但有一点值得注意：企业所增加的客户价值要使企业有利可图，也就是说，企业必须不断地增加客户价值并提高其满意度，但不能血本无归。

4. 交换、交易、关系

（1）交换。交换是市场营销的核心功能，是市场营销理论的中心。交换是先于市场营销的前提性概念。交换是指通过提供某种东西作为回报，从别人那里取得所需物品的行为。

市场交换一般包含五个要素：有两个或两个以上的买卖者；交换双方都拥有对方认为有价值的东西；交换双方都拥有沟通信息和向另一方传送货物或服务的能力；交换双方都可以自由接受或拒绝对方的产品；交换双方都认为值得与对方进行交换。这五个要素满足以后，交换才可能发生。但是，交换是否真正发生，最终取决于交换双方是否找到了交换的条件，或者说，交换双方是否能认同交换的价值。如果双方确认通过交换能得到更大的利益，交换行为就会发生。

（2）交易。交易是交换活动的基本组成单位，是由双方之间的价值交换所构成的行为。

（3）关系。关系是指企业与客户、分销商、经销商、供应商等建立、保持并加强联系，通过互利交换及共同履行承诺，使有关各方实现各自的目的。应该指出的是，交换不仅是一种交易，而且是建立关系的过程。精明的市场推销人员总是试图与客户、批发商、零售商以及供应商建立起长期互利、相互信任的关系。

关系营销的结果是，企业建立了一个营销网络，这种网络由公司及其他利益相关者构成，包括客户、推销人员、供应商、分销商、零售商、广告代理人等。只有拥有完善的营销关系网络，企业在市场竞争中才能取胜。

5. 市场

市场是指一切具有特定欲望和需求并且愿意和能够通过交换来使欲望和需求得到满足的潜在客户所组成的消费者总体。市场营销学认为，卖主构成行业，买主构成市场。

衡量一个市场规模的大小，有三个主要尺度：人口、购买欲望和购买力。现代社会由无数的市场组成，依据买主购买目的的不同进行划分，市场可以分为消费品市场、生产者市场、转卖者市场、政府市场等。

6. 市场营销组合

市场营销组合是指企业为实现预期目标，将营销中的可控因素进行有机组合。对于生产经营有形产品的企业来说，市场营销组合主要是通过产品策略（Product）、价格策略（Price）、渠道策略（Place）、促销策略（Promotion）进行有效组合，即 4P 组合。

二、市场营销的主要理念

营销理念是企业营销活动的指导思想。营销理念贯穿于营销活动的全过程，是实现营销目标的基本策略和手段。随着市场经济的发展，营销理念也在不断更新演变。

（一）生产观念

生产观念又称生产者导向观念，是一种传统的经营思想。生产观念认为：企业以改进、增加生产为中心，生产什么产品（服务），就销售什么产品（服务）。企业的主要任务是扩大生产经营规模，增加供给并努力降低成本和售价。

（二）产品观念

产品观念认为：消费者总是喜欢优质、有特色的产品和服务，只要产品和服务质量好、有特色，就不愁卖不出去，正所谓"酒香不怕巷子深"。产品观念会导致"市场营销近视症"，把服务项目等同于需求，过度重视产品和服务质量，看不到市场需求及其变动，忽视竞争者的市场行为。如传统的储运企业只是提供与货物交付相关的服务，如仓储运输、装卸搬运、包装、配送等，而实际上消费者希望储运企业能够提供相关的原料质检、库存查询、库存补充、流通加工等服务。

（三）推销观念

推销观念是生产观念的发展和延续。推销观念认为：消费者通常会有购买迟钝或抗拒购买的表现，如果顺其自然，消费者通常就不会购买本企业太多的产品（服务），因此，企业必须大力开展推销和促销活动，刺激消费者购买。推销观念的不足主要在于营销者只注重推销企业所提供的产品（服务），而不注重提供市场所需要的产品（服务）。

（四）市场营销观念

市场营销观念是一种"以消费者需求为中心，以市场为出发点"的经营指导思想。市场营销观念认为：企业应该提供、销售消费者需要的产品（服务），企业应当注重选择目标市场，发现目标市场中消费者的内在需要，并能运用整体营销手段在满足消费者需要的同时使企业盈利。因此，目标市场、消费者需要、整体营销、盈利是市场营销观念的四大支柱。像"用户至上""消费者就是衣食父母"等广告用语就真实地反映了市场营销观念。

（五）社会营销观念

社会营销观念随着消费者权益保护运动而产生。当企业过分强调满足消费者需求和实现企业目标时，企业有可能造成资源浪费和环境破坏，损害消费者和社会的整体、长远利益。如运输业发展满足了消费者提高运输效率的需要，但尾气的排放却污染了空气。社会营销观念认为：企业在提供任何产品（服务）时，不仅要满足消费者的需求和欲望，符合本企业的特长，还要符合消费者和社会发展的整体和长远利益。如运输公司根据目的地地点、车辆条件、载重等合理安排运输车辆并精心设计线路，减少车辆的空驶和迂回，最大限度地降低因运输带来的空气污染。

（六）战略营销观念

战略营销观念就是用战略管理的思想和方法对营销活动进行管理，强调企业在目标市场上应通过战略管理创造竞争优势，向包括消费者在内的所有参与者提供最大的利益。战略营销观念强调方向性、长期性、创造性、协同性和参与者的共赢性，思考问题的层次更高，考虑问题更全面、更系统。

三、服务营销

服务营销是在市场营销学基础上发展起来的，既借鉴了市场营销学的基本理论和方法，又以服务领域作为自己的研究和应用方向，是服务企业的市场营销。服务营销是企业在充分认识消费者需求的前提下，为充分满足消费者需求而在营销过程中采取的一系列活动。

（一）服务营销的特点

服务营销的特点主要表现为：

1. 推销比较困难

一般实物产品可以被陈列、展销，以便消费者进行比较、挑选，但大多数服务产品既没有独立存在的实物形式，难以展示，也不可能制造标准的服务样品，推销难度较大。由于服务产品的无形性，消费者在购买服务产品之前，一般不能进行检查、比较和评价，只能凭借经验、品牌和推销宣传信息来选购。

2. 销售方式单一

服务产品生产与消费的同步性决定了企业不可能广泛利用中间商进行销售，而只能更多地采取直接销售的方式，而直接销售的方式使服务产品的生产者不可能同时在多个市场销售自己的产品。

3. 服务需求弹性大

人们对服务产品的需求是随着经济的发展、收入水平的提高以及生产的专业化的加强而发展的，需求表现出较大的弹性。研究结果表明，"需求的波动"是服务经营者最棘手的问题。

4. 服务供求分散

人们对服务产品的供求具有分散性，这就要求服务网点广泛而分散，尽可能接近客户。

（二）服务营销的核心理论

1. 客户导向的"4Cs"理论

20 世纪 80 年代，美国营销专家劳特朋向传统的"4Ps"理论发起挑战，提出"4Cs"理论。这一理论强调以客户需求（Consumption）为导向，充分考虑客户愿意支付的成本（Cost）、照顾客户的便利性（Convenience）、与客户进行沟通（Communication）。也就是说，多想想客户的需求，而不只是"产品（服务）"；多想想客户愿意支付的成本，而不只是"价格"；多想想客户获得满足的便利性，而不只是在什么"地点"销售产品；多想想如何与客户沟通，而不只是单方面"促销"。

2. 竞争导向的"4Rs"理论

20 世纪 90 年代，美国学者舒尔茨提出"4Rs"理论，阐述了全新的营销要素，包括与客户建立关联（Related）、提高市场的反应速度（Reflect）、重视关系营销（Relation）和营销回报（Reward）。与客户建立关联，是指在竞争的环境中，企业必须时刻关注客户的需求及其变化，提高客户的满意度和忠诚度，同时必须注意与上游厂商形成一个卓越的价值让渡系统或战略网，提高整个战略网的竞争力。提高市场的反应速度，是指厂商应在客户的需求发生变化时，甚至是变化前做出适当的反应，以便与客户的需求变化相适应。重视关系营销，是指企业应当与客户建立长期、稳定且密切的关系，降低客户流失率，建立客户数据库，开展数据库营销，从而降低营销费用。营销回报，是指企业营销的真正动机在于为企业带来短期的利润回报和长期的价值回报，这是营销的根本出发点和目标。"4Rs"理论强调以竞争为导向，注重关系营销，维护企业与客户之间的长期合作关系。

3. 服务营销三角形理论

考虑到人的因素在服务营销中的重要性，芬兰学者格隆罗斯提出，服务营销实际上由三个部分组成，即外部营销、内部营销、互动营销。这三个部分组成了相互关联、不可或缺的服务营销三角形。

其中，外部营销是指企业提供的服务准备、服务定价、促销、分销等内容；内部营销是指企业培训员工及为促使员工更好地向客户提供服务所进行的其他各项工作；互动营销则主要强调员工向客户提供服务的技能。

4. 服务利润链理论

1994 年，詹姆斯·赫斯克特教授等五位哈佛商学院教授从价值链视角提出了"服务利润链（Service Profit Chain）"的概念，指出服务利润链可以形象地理解为一条将盈利能力、客户忠诚度、员工满意度和忠诚度与生产力联系起来的纽带，它是一条循环作用的闭合链，其中每个环节的实施质量都将直接影响其后的环节，最终目标是使企业盈利。简单地讲，利润是由客户的忠诚度决定的，忠诚的客户（也就是老客户）给企业带来超常的利润空间；客户忠诚度是靠客户满意度取得的，企业提供的服务价值（服务内容加过程）决定了客户满意度；企业内部员工的满意度和忠诚度决定了服务价值。简言之，客户的满意度最终是由员工的满意度决定的。图 1-1 对这一思路做出了很好的说明。

图 1-1 服务利润链

产业链

产业链是产业经济学中的一个概念，是各个产业部门之间基于一定的技术经济关联，并依据特定的逻辑关系和时空布局关系形成的链条式关系形态。产业链是一个包含价值链、企业链、供需链和空间链四个维度的概念。这四个维度在相互对接的过程中形成了产业链。这种"对接机制"是产业链形成的内模式，作为一种客观规律，它像一只"无形的手"调控着产业链的形成。

产业链的本质是用于描述一个具有某种内在联系的企业群结构，它是一个相对宏观的概念，存在两种属性：结构属性和价值属性。产业链中大量存在上下游关系和相互价值的交换，上游环节向下游环节输送产品或服务，下游环节向上游环节反馈信息。

5. 客户感知服务质量理论

1982 年，瑞典著名服务市场营销学专家克·格鲁诺斯提出"客户感知服务质量模型"，认为客户对服务质量的评价过程实际上就是将其在接受服务过程中的实际感觉与他接受服务之前的心理预期进行比较的结果：如果实际感受满足了客户期望，那么客户感知质量就是上乘的；如果客户期望未能实现，即使实际质量以客观的标准衡量是不错的，客户感知质量仍然是不好的。

同步实训

如何开展绿色营销

实训形式：

网络调研、头脑风暴。

实训内容：

收集相关物流企业开展市场营销的实例，并分析该企业是如何进行市场营销的。通过网络调研开展关于"物流企业如何开展绿色营销"的讨论，为当地物流企业关于绿色物流的发展提出建议。

实训步骤：

（1）全班同学自由分组，每组 6～8 人。

（2）各组分别进行讨论，明确组内分工。

（3）小组成员分别查找资料，选择一则具有代表性的物流企业营销的实例，分析该企业在市场营销活动中有哪些创新点，取得了哪些效果。

（4）小组成员围绕"物流企业如何开展绿色营销"这一议题，分别查找资料，进行组内讨论，并形成统一的结论。

（5）讨论完毕后，小组将实训结果制成 PPT，小组长代表本小组在课堂上进行分享。

实训评价：

任务实训评价表如表 1-1 所示。

表 1-1　任务实训评价表

评价项目	评价标准	分值	教师评价（70%）	小组互评（30%）	得分
知识运用	理解物流市场营销的核心理念以及服务营销的特点	35			
技能掌握	能够对物流企业的营销情况进行分析	35			
成果展示	实训报告排版规范，有完整的架构，PPT 概括性、逻辑性强，美观大方	20			
团队表现	团队分工明确、沟通顺畅、合作良好	10			
合计					

任务二 认知物流营销

一、物流营销概述

根据我国国家标准《物流术语》（GB/T 18354－2006），物流是指物品从供应地向接收地的实体流动过程。物流营销是指物流服务外部供给者为了有效满足客户物流需求而系统地提供服务概念、服务方案、服务行为，并为客户创造利益和价值的过程。物流企业通过成功的营销拿到订单，进而开始采购、运输、仓储、包装、配送、服务等后续业务。可以说，物流营销是带动物流企业持续发展的"火车头"。

物流营销包括物流市场调研、物流市场细分、物流服务设计、目标客户开发、营销计划制订、服务质量控制、营销绩效评估等环节，需要完成相应的调查报告或计划制订、方案设计。

物流营销体系如表1－2所示。

表1－2 物流营销体系

序号	环节	成果表现形式
1	物流市场调研	物流环境调研报告、物流市场调研报告
2	物流市场细分	目标客户选择和定位报告
3	物流服务设计	物流服务设计方案
4	目标客户开发	客户开发计划
5	营销计划制订	物流营销策略组合方案
6	服务质量控制	物流客户服务总结报告
7	营销绩效评估	物流营销绩效评估方案、评估报告

（一）物流营销的基本术语

物流营销包含一系列基本术语：物流需要、物流欲望和物流需求，物流产品与物流服务，物流效用、物流成本和物流价值，物流交换和物流交易，物流关系和物流网络，物流市场、物流营销者和潜在物流客户。

1. 物流需要、物流欲望和物流需求

物流需要是指客户感受到的物流服务的短缺状态，如个人、家庭、企业、政府等组织需要发送信件、邮寄包裹、运送货物等。客户的这种物流需要是客户自发产生的。

物流欲望是指物流客户经文化和个性塑造后采取的满足物流需要的具体服务的愿望，物流欲望可用满足物流需要的物流服务来描述，如发送一箱图书，可采用邮寄、快递、快运等方式。

人们的欲望几乎没有穷尽，但是金钱是有限的。因此，人们不得不用有限的金钱选择

那些满意程度最大的物流服务。当有相应的购买力作后盾时，欲望就变成了需求。如果物流客户能够支付的运费较低，就可以选择中国邮政的普通包裹邮寄服务；如果物流客户能够支付的运费较高，就可以选择航空快递。

2. 物流产品与物流服务

物流消费者靠物流产品与物流服务来满足需要与欲望。物流产品是指能够满足人们某种物流需要的实体商品，如邮票、明信片、信封、包装袋、包装箱等。物流服务是指能够用来满足人们某种物流需要的服务，如公路快运"定日达"、快递"定时达"、小丑快递、蜗牛慢递等。

物流产品和物流服务存在密切联系。物流企业有时完成物流服务需借助一些物流产品，如完成邮信服务需要信封、邮票，完成快递服务需要快件袋、快递单。物流产品主要是为完成物流服务而设计、生产的，物流营销是围绕物流服务而非物流产品的营销。

3. 物流效用、物流成本和物流价值

物流效用是消费者对物流服务满足其需要的整体能力（程度）的自我主观评价，可以分为地点效用、时间效用和占有效用（见表1-3）。

表1-3 物流效用的分类

效用类别	界定	举例
地点效用	物流服务在适当的地点能够让消费者享受到其所创造的效用	在高档写字楼和露天货场购买物流服务的地点效用有差别
时间效用	物流服务在适当的时间能够享受到其所创造的效用	在女朋友生日时把鲜花送到她手中时女朋友能够感受到的效用
占有效用	取得某种物流服务导致占有某物品所有权所创造的效用	快递公司在最短时间内送达中国第一批 iPad 时，邮购者感受到的效用

物流成本（费用）是指物流消费者为购买物流服务而必须支付的费用，包括货币成本、时间成本、体力成本和精神成本。

物流价值是物流消费者比较自己获得的物流效用的价值与获得该物流服务而支付的费用之间的差额。在同样的物流成本下，物流消费者得到的物流效用的价值越大，物流价值就越大。在物流消费者得到同样的物流价值的情况下，物流消费者希望付出更低的物流成本。

4. 物流交换和物流交易

物流交换是以某种资源为代价从物流服务者那里取得所需物流服务的行为。物流交换是一个过程，发生在一个时段；而物流交易则是一个事件，发生在一个时点，是物流交换的结果。

5. 物流关系和物流网络

令双方愉快、满意的物流交易会增进双方之后的交易往来，并有可能形成一种长期、稳定的物流业务关系。精明的物流企业会通过承诺并不断提高服务质量，不断提高物流客户的价值预期，与有价值的客户、供应商和分销商在经济、技术、服务等方面保持长期的、互相信任的纽带关系，减少交易成本和时间，使交易协商惯例化，形成物流关系

营销。

物流关系营销的最终结果是形成一个物流网络。物流网络是由物流企业与它的所有利益相关者（包括股东、客户、员工、供应商、广告商、分销商、债权人、社区和政府等）建立的互利业务关系。这样就使竞争由物流企业之间展开转变为在网络之间展开，物流企业与物流客户之间的单向营销转变为以更低的成本、更短的时间、更高的效率在更大的范围内展开营销。

6. 物流市场、物流营销者和潜在物流客户

物流交易的双方分别构成买方集合的买方市场（如需要仓库存货的客户）和卖方集合的卖方市场（如拥有仓库的企业）。而且市场可能是与卖者交易的现实购买者（既有购买能力又有购买意愿的客户）集合构成的现实市场，也可能是由那些可能购买者（可能具有购买能力和购买欲望的客户）集合构成的潜在市场。

物流营销是以满足物流客户各种需要为目的，通过物流市场变潜在交换为现实交换的活动。在物流交换中，如果一方比另一方更主动、更积极地寻求交换，那么前者称为物流营销者，后者称为潜在物流客户或预期物流客户。如果买卖双方都在积极寻找交换，则双方都是营销者，形成双边营销。

对物流营销者而言，卖方构成物流行业，买方则构成物流市场。物流行业与物流市场的关系如图1-2所示。物流卖方和物流买方有五种联系方式：物流卖方把物流服务以各种传播方式（如广告等）传递到物流市场；物流市场的需求者可以向物流卖方传达自己的需求信息；物流卖方收到来自物流买方的货币和信息（买方的态度、偏好、消费习惯、消费数量、消费结构等）；物流卖方向物流买方提供物流服务；另外，物流卖方可以通过营销中介、媒体与物流买方进行沟通。

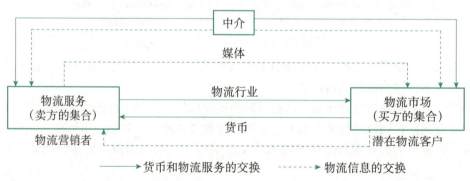

图1-2 物流营销者与潜在物流客户（物流行业与物流市场）的关系

以物流市场概念为基础可以进一步理解物流营销概念。物流营销是指通过对物流市场施加作用和影响，促使潜在客户转化为现实客户、潜在交换转化为现实交换，以满足物流客户对物流服务的需要的过程。营销的目的是满足人们的各种需要和欲望；营销的结果是将潜在交换转化为现实交易；营销的手段是对市场施加作用和影响。

（二）物流营销的特征

物流营销最基本的特征就是发现物流客户并为需要物流服务的客户提供有效的物流服务。现代物流企业的市场营销与传统的制造业、服务业的市场营销相比，既有服务营销的

共性，又有物流营销的个性。

1. 物流营销作为服务营销的共性特征

（1）服务的无形性。有形产品通常表现为一个物件，服务则表现为一方向另一方提供的行为、绩效或努力。服务是无形的，让人摸不着、看不见，而只能感觉、体验、享受。

（2）服务过程的客户参与性。任何服务的生产过程都与消费过程同时进行，即服务人员向客户提供服务的同时，客户在消费服务，两者在时间、地点和过程中不可分离。这意味着客户只有加入服务的生产过程中才能最终消费服务，如客户直接参与物流方案的制定，双方始终保持良好的沟通协调。

（3）服务的差异性。服务的过程是客户与服务提供者广泛接触的过程，服务的好坏不仅取决于服务提供者的素质、心理状态，也与客户的行为、感受密切相关。即使是标准化的服务，由于服务人员心理状态不同，客户知识水平、兴趣和品位不同，客户的评价差异也可能会很大。

（4）服务的不可储存性。服务的无形性和服务与消费的同时性，以及客户自身和需求的千差万别，使得服务具有不可储存的特性。一个物流项目的结束意味着物流服务的结束，要想得到同样的服务，只能重新购买。

（5）服务的无所有权转移性。在服务和消费的过程中，不涉及任何所有权转移，客户只是得到了物流服务带来的快捷、舒服、美妙等感觉，而没有得到具体的物件。

2. 物流营销的个性特性

（1）物流营销对象的广泛性和差异性。物流营销的对象非常广泛，差异很大，既有团体客户，又有个体客户；既有国内客户，又有国际客户；既有大客户，又有小客户；既有一次性客户，又有长久性客户；既有单项服务客户，又有综合服务客户。

（2）物流营销的服务增值性。物流营销和物流服务不仅能够支持生产经营活动价值的顺利实现，而且能够依靠创意的策划、先进的设备、便捷的信息传输、配套的资金融通能力、强大的供应链整合能力，产生巨大的新增价值，降低社会物流成本，提高社会物流效率，创造巨大的经济价值和社会价值。

（3）物流营销的功能独立性。现代物流企业的营销活动是独立于物流企业内部功能活动（如人事、财务、后勤、行政等）的业务单元，具有独特的功能。现代物流企业通过市场调查、方案评估、服务项目开发与设计、营销网点与渠道选择、广告宣传与公共关系、客户咨询与关系管理、信息处理等为客户服务，同时促使物流企业本身适应环境变化，抓住市场机会，扩大市场占有率，在竞争中获得优势。

 **知识链接**

市场占有率

市场占有率又叫市场份额，是企业的产品在市场上所占的份额，也就是企业对市场的控制能力。市场份额越高，表明企业经营、竞争能力越强。

（4）物流营销的运作系统性。现代物流包括营销、采购、运输、仓储、流通、加工、包装等功能，各物流运作功能之间存在相辅相成的关系。现代物流企业必须以营销为龙头，整合物流企业内部的采购、运输、仓储、流通、加工、包装等基本作业的服务能力，物流运作系统设计的能力和物流系统管理的能力，通过系统的运作为客户提供服务。在自身资源不能满足客户需求时，物流企业还需要整合其他社会物流资源。

（5）物流营销的竞争协作性。现代物流企业通过完善的物流运作系统来合理配置物流资源，提高物流服务能力和服务效率，创造更多的物流价值。但是，相对于庞大的社会需求来说，大多数现代物流企业的资源和能力仍然有限，因此，现代物流企业在参与市场竞争活动时就必然需要通过协作来参与竞争。即使中远物流、马士基这样的大物流企业也需要与货代公司合作，中远物流、马士基之间既存在合作关系，又存在竞争关系。

（三）物流营销的作用

物流营销的理论、方法、工具指导物流企业营销业务的开展。物流营销对社会、物流企业发挥着不同的作用。

1. 物流营销对社会的作用

（1）联结企业和消费者，形成物流网络。随着现代经济网络化的发展，企业竞争是一种网络间的竞争，竞争优势也是一种网络优势。物流营销引导物流企业以物流服务的方式有效地联结供应商、厂商、批发商和零售商，打造集商流、物流、信息流、资金流为一体的物流网络，有效地推动商品从生产到消费全过程的顺利流动。

（2）降低交易成本，节约运行成本。

1）通过形成伙伴间的信任关系，减少搜寻成本和履约风险；

2）通过物流营销和物流服务，使原来分散的物流节点和线路等要素之间偶然的、随机的关系变成网络成员之间紧密且经常的联系网络，减少了客户的交易成本、使用网络资源和要素的成本；

3）物流企业借助精心策划的物流计划和适时运送手段，可以减少库存，改善相关企业、社会的现金流量；

4）在物流营销和规模经营的影响下，企业业务外包能降低经营费用。

（3）改善资源配置，提高社会效益。物流营销在获得的信息资源共享、优质的客户服务体系共享、资源共享条件下的准时化小批量配送系统和共同配送系统的建立，可在全社会范围内合理配置制造、商贸、物流企业的人、财、物、信息、时间等资源，提高物流资源的利用率，产生提升商业物流环境、缓解交通压力、保护环境、改善大宗生活品质等社会效益。

2. 物流营销对物流企业的作用

（1）引导市场需求，提高营销能力。在现代竞争激烈的市场上，客户需求是推动物流企业发展的根本动力。没有市场需求，物流企业就失去了赖以生存的根基。当物流企业能够为客户提供灵活多样的服务进而为客户创造更多的价值且有良好的市场营销策略时，会吸引更多的客户。在物流营销的过程中，物流企业可以有效地收集客户需求、市场信息、产品状态等信息，既可以满足客户现有需求，也可以有针对性地设计、提供更适合市场需求的服务，如宅急送就曾经引领了"不出门就享受快递服务"的消费潮流。

（2）进行市场细分，实行差别经营。目前市场需求呈多样化和分散化，物流市场也呈差异化和个性化，物流营销可以通过收集的市场信息指导物流企业根据自身的资源优势，在市场细分中确定目标客户群，有针对性地实行差别化经营，从而求得生存和发展。如中远物流主攻远洋运输市场，中铁物流主攻铁路长途运输市场。

（3）集中资源优势，减少投资风险。现代物流领域的设备设施（包括物流技术平台、运输设备、集中仓储配送中心、货场等）、信息系统等投入较大，加上物流需求的不确定性和复杂性，使得投资风险巨大。物流营销进行的市场调研、细分，可以减少盲目投资的风险，便于物流企业集中资源优势，实现资源优化配置，将有限的人力、财力集中于发展核心竞争力。海尔以战略的眼光把物流外包出去，集中优势资源强化其更擅长的产品研发、质量监控和个性化服务，因此提升了海尔的核心竞争力。

（4）合理配置资源，提高物流能力。物流营销通过处理、分析获得的市场信息、客户信息，可以合理配置和管理物流企业内部资源，提高物流能力，及时、优质地将货物配送到客户手中。戴尔从名不见经传的小企业迅速成长为 IT 巨人，网络营销模式起到了决定性的作用。戴尔的全球伙伴第三方物流公司——伯灵顿公司，对仓库和配送的管理帮助戴尔大幅度降低了成本。伯灵顿公司在厦门的集装箱卡车拉着物料进入戴尔厂区，车门对着戴尔的生产线，货物卸下后直接就上生产线了。

（5）围绕客户服务，提升企业形象。物流营销以客户为中心，在业务往来中可以通过便捷的网站、完备的设施、训练有素的员工、科学的策划、合理的设计、充分的交流、细致的服务，在同行中脱颖而出，为企业在竞争中取胜创造有利条件，树立自己的品牌形象。如中国邮政 EMS、顺丰都是围绕客户服务树立了自己的品牌。

（四）物流营销的原则

1. 规模原则

物流企业的效益取决于它的规模。在进行市场营销时，首先要确定某个客户或某个客户群的物流需求具有一定的数量和集中度，然后再去为他们设计并提供有特色的物流服务。

2. 合作原则

现代物流要求在更大范围内合理配置资源，但物流企业本身并不一定必须拥有完成物流活动的所有资源和功能。物流企业只有做好自身的核心物流业务，而将其他业务外包给其他物流企业或联合其他物流企业完成，才能最终完成物流服务，取得服务收益。物流公司在提供物流服务的过程中，需要与客户深入沟通、密切配合，同时，物流公司内部各部门也需精诚团结，共同服务好客户。

3. 回报原则

对物流企业来说，市场营销的真正价值在于其为企业带来短期或长期利润的能力。取得回报是物流企业生存和发展的物质条件，是营销活动的动力。物流企业在营销活动中要回报客户，要满足客户的物流需求，为客户提供价值。回报是维持市场关系的必要条件。因此，物流营销必须注重产出，注重物流企业在营销活动中的回报。

（五）物流营销的理念

20 世纪 80 年代以来，学者们对市场营销学的研究不断深入，产生了许多新的营销理念，带动了物流营销理念的发展，这些新理念对物流企业加强和改善营销管理起到了指导作用。

视频：物流营销理念的发展

1. 大营销——6Ps 组合理论

物流企业营销活动的实质是一个利用内部可控因素适应外部环境的过程，即通过对产品（Product）、价格（Price）、渠道（Place）、促销（Promotion）四个基本策略（简称4Ps）的计划和实施，对外部不可控因素做出积极动态的反应，从而促成交易的实现和满足个人与组织的目标。当存在贸易壁垒和地方保护时，物流企业的市场营销战略除了 4Ps 之外还必须加上两个 P，即政治力量（Political Power）和公共关系（Public Relations），形成 6Ps。

大营销理论与传统市场营销理论的区别主要表现在三个方面：

（1）企业可以影响周围的经营环境，而不仅仅是顺从和适应它（如可以通过影响立法、法律诉讼、谈判、广告宣传、公共关系和合伙经营等影响环境变化）。

（2）企业营销目标不仅是满足目标顾客的需求，而且是运用各种力量去引导、改变和创造目标顾客的需求。

（3）手段从 4Ps 增加到 6Ps。

2. 绿色营销

20 世纪 70 年代，一场以保护环境、保护地球为宗旨的环保运动在全球兴起。随后，一种旨在改善生活质量的绿色消费观念应运而生。

3. 整合营销

当企业所有部门、人员都能以顾客利益为原则去协调和开展营销活动，其结果就是整合营销。

整合营销理念应用于企业的市场营销活动中，主要体现为营销组合方案的整合和营销传播的整合。在营销组合方案的整合中，每一要素的地位和作用都不相同，我们既要充分发挥各要素的作用，又要发挥总体协调作用。营销传播的整合则是综合、协调地运用广告、营业推广、公共关系、人员推销和直接营销等传播工具，以连续一贯的信息和战略定位，实现企业与顾客的信息沟通，以达到刺激顾客的购买欲望、促成顾客的购买行动、扩大销售的目的。

4. 关系营销

随着新产品（服务）开发速度的加快和市场竞争的加剧，顾客的消费习惯更容易发生变化，其品牌忠诚度也会有所下降。关系营销就是为使顾客保持忠诚度而诞生的新营销理念。关系营销把物流企业的营销活动看成一个企业与股东、资金融通者、顾客、供货商、分销商、竞争者、社区、政府机构及其他社会组织发生互动作用的过程，物流企业营销工作就是建立、发展和维系与这些利益相关者的长期良好关系，充分利用和强化各种形式的关系网络来开展营销活动。

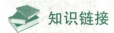 知识链接

中储物流的营销观念

中储物流的营销观念是"以客户为中心"，即以客户的需求为出发点，以满足客户的需求为目的，以提供优质的服务体验和解决客户问题为核心。

二、物流营销的流程

一个完善的物流营销流程，包括发现市场机会、选择目标市场、确定营销策略、管理营销活动四个环节。

（一）发现市场机会

市场机会就是未得到满足的物流服务需求。物流企业可以通过两种方法来发现新的市场机会：非系统的方法和系统的方法。无论是运用哪种方法，都需要对市场需求进行测量和预测，弄清楚所有在市场上销售的同类服务及其销量，估计现有消费者的需求规模，查找市场空间。

1. 非系统的方法

非系统的方法包括阅读有关报纸和期刊、出席贸易展览会、考察竞争对手的服务、收集市场情报、关注社会变化趋势等，从中注意不断变化的市场情况。

 知识链接

家庭结构变化带来的物流商机

当前，家庭结构趋于小型化，夫妻双方都要工作，这意味着双职工家庭缺少买菜时间，净菜、微波食品、快餐的配送需求等随之产生，为物流企业提供了市场机会。

2. 系统的方法

系统的方法包括环境持续检测法、产品-市场矩阵法、一体化法、多元化法和 7 "O"法。

（1）环境持续检测法。市场机会往往在市场环境变化中出现。物流企业可以建立适当的营销信息系统，采取适当的措施，经常监视和预测企业营销环境（包括宏观环境和微观环境）的变化，从中寻找有利于企业发展的市场机会，避开或减轻不利于企业发展的威胁，甚至在一定条件下可以因势利导、变害为利。1994 年，中国经济持续发展、电子商务的兴起使送货上门服务需求增大，宅急送应运而生，满足、引领了市场需求。

（2）产品-市场矩阵法。物流企业可以通过对服务、市场的分析来寻找和发现发展机会，如利用表 1-4 的产品-市场矩阵进行分析。

表 1-4　产品-市场矩阵

	现有产品	新产品
现有市场	市场渗透	产品开发
新市场	市场开发	多元化

1）综合考虑现有服务的市场生命力、市场需求容量以及竞争情况等，准确判断现有服务在现有市场上有无扩大销售的机会。如果物流企业尚未完全开发其现有服务的现有市场，就可以通过市场渗透（即削减价格、加大广告宣传力度、改进广告语言、增设商业网

点等措施）在现有市场上扩大现有服务的销售。

2）通过市场营销研究和市场细分了解不同购买者群的需求情况和目前满足情况，在满足程度较低的子市场上可能存在市场机会。物流企业可以通过市场开发，即增设新的商业网点或利用新分销渠道、加强广告促销等措施，在新市场上扩大现有服务的销售，包括服务市场的重新定位、服务用途的新发现、利用服务的国际市场生命周期进行市场转移等。

3）通过开发新服务创造新的市场机会，即物流企业向现有客户提供不同品种、规格、包装、品牌的新服务或改进的服务，以更好地满足目标市场消费者群多层次、多样化的需求。

4）通过多元化经营创造新的市场机会，即在现有市场和现有服务以外开展新的业务，扩大生产经营范围。物流企业可以通过收购、兼并其他行业的企业，或者在其他行业投资，跨行业生产经营多种服务，来寻找多元化经营的市场机会。

 **知识链接**

绿农净菜配送公司的市场渗透、市场开发、服务开发和多元化经营

绿农净菜配送公司是一家区域化的蔬菜配送公司。该公司通过改进广告宣传和推销、短期削减价格、增设网点等方法在现有市场上扩大市场份额，这是市场渗透。该公司通过在新地区设立新的配送网点，来扩大蔬菜配送在新地区的销售，这是市场开发。该公司改进配送车的颜色和配送人员的服装及服务、增加配送的品种以满足市场需求、扩大销售，这是服务开发。该公司进入药品配送、家电配送、家具配送等领域，属于跨行业的多元化经营。

（3）一体化法。一体化即通过建立或收买与目前企业业务有关的业务来寻找发展机会。如果物流企业所在行业或某项业务有发展前途，可将此业务延伸到产、供、销各个环节，以增加销售和利润。一体化法包括后向一体化、前向一体化和水平一体化三种，如表1-5所示。

表1-5 一体化法三种形式的比较

形式	内容	目的
后向一体化	收购、兼并原材料供应商	拥有或控制其市场供应系统
前向一体化	收购、兼并批发商、零售商、自办商业贸易公司	增强销售力量来求发展
	将自己的服务向前延伸，从事原由分销商经营的业务	
水平一体化	争取对同类企业的所有权或控制权，或实行联合经营	扩大经营规模，取长补短，共同利用某些机会

（4）多元化法。多元化法即增加对企业富有吸引力的业务，寻找多元化发展机会。如

果企业所属行业缺乏有利的市场机会而在目前业务范围以外的领域发现了好机会，企业就可以结合自身的资源优势，扬长避短，采用多元化发展方式。多元化发展有同心多元化、横向多元化、综合多元化三种形式，如表1-6所示。

表1-6 多元化发展三种形式的比较

形式	内容	目的
同心多元化	以现有服务为中心向外扩展业务范围，发展同现有服务类似的新服务	吸引新顾客
横向多元化	采用不同技术发展同现有产品无关的新产品	满足现有顾客的多种需求，稳定现有顾客
综合多元化	发展同企业现有技术、服务或市场毫无关系的新业务	吸引新老顾客

（5）7"O"法。7"O"法是从消费者的购买行为中辨别新的市场机会，因为消费者的购买行为具有较大程度的可诱导性。消费者是非专家购买者，很难掌握各种物流服务知识，需要卖方的宣传、介绍和帮助，在购买什么服务、何时何地购买等方面容易受企业营销的影响。消费者的复杂行为可以从购买者（Occupants）——谁是消费者，购买对象（Objects）——消费者购买什么，购买目的（Objectives）——消费者为何购买，购买组织（Organizations）——哪些消费者参与购买，购买行为（Operations）——消费者怎样购买，购买时间（Occasions）——消费者何时购买，购买地点（Outlets）——消费者在何地购买这7个方面入手分析。物流企业通过深入细致地研究消费者的购买行为，了解不同类型消费者的需求、爱好和特点，寻找商机，从而开发对消费者有价值的服务和品牌，用具有吸引力和说服力的方法将服务和品牌有效地呈现给消费者，并据此选定企业的目标市场，确定市场营销组合。

 知识链接

盐田集装箱运输公司的7"O"研究

盐田集装箱运输公司提供集装箱运输服务，营销部门在开展营销前必须分析研究以下问题：哪些人需要集装箱运输服务？目前消费者需要什么样的集装箱运输服务？消费者为什么购买这种集装箱运输服务？哪些人会做出集装箱运输服务购买行为？消费者怎样购买这种集装箱运输服务？消费者何时购买这种集装箱运输服务？消费者在何处购买这种集装箱运输服务？

（二）选择目标市场

在市场机会的基础上，物流企业需要按照市场细分、目标市场确定、市场定位的顺序来选择自己的目标市场。

1. 市场细分

市场细分就是物流企业根据消费者需求特性，把某一服务的整体市场划分为若干消费者群的市场分类过程。通过市场细分，物流企业可以有效地分析和了解各个消费群的需求满足程度和市场上的竞争状况，发现哪类消费需求已经满足，哪类消费需求不够满足，哪类消费需求尚无适销对路的服务去满足；发现哪些细分市场竞争激烈，哪些细分市场竞争较小，哪些细分市场尚待开发。而满足水平低的物流服务部分通常存在较好的市场机会，销售潜力大且竞争者较少。结合资源状况抓住这样的市场机会，确立适于自身发展的目标市场，并采取相应的营销策略，物流企业就可能迅速取得市场优势地位，提高市场占有率。

2. 目标市场确定

目标市场确定指物流企业在市场细分的基础上，根据自身的实力、资源、核心竞争力，有选择地进入一个或多个物流细分市场，即物流企业的目标市场。这个市场有规模需求，而物流企业也有能力满足客户需求。

3. 市场定位

物流企业选定了自己的目标市场后，需要进行市场定位。市场定位就是为了使某种物流服务在市场上以及在目标客户心中占有明确的、突出的和必要的位置而进行的决策。这样，物流企业可以选择和瞄准若干能为其服务的目标市场，有针对性地开展营销工作，以使其物流服务顺利打入市场，取得较大的市场优势。

（三）确定营销策略

营销策略即营销组合策略。物流营销组合也就是物流综合服务方案，即物流企业针对目标市场的需求，对内部可以控制的产品（服务）、价格、渠道、促销等各种营销因素进行优化组合和综合运用，以满足目标市场的需求，更好地实现物流企业的营销目标。

1. 产品策略

产品策略要求物流企业制定营销战略时，首先明确物流企业自身能提供什么样的服务去满足客户的要求，包括服务的内容、质量、品牌等。

2. 价格策略

价格策略是指物流企业通过对客户的调研和成本分析，按一定的程序制定服务的市场价格，并考虑竞争者价格的变化和客户、市场环境的具体情况，选择一种能吸引客户的策略。

3. 渠道策略

渠道策略是指物流企业运用一定的市场分销渠道，将服务在适当的时间、地点，以适当的价格提供给目标客户。

4. 促销策略

促销策略是指物流企业为了激发客户的购买欲望、扩大市场而进行的将企业服务信息顺畅地传递给潜在客户的一系列沟通、报道、说服、公共关系、广告宣传等促进工作。

市场营销组合也在与时俱进，先有美国麦卡锡教授提出的 4Ps 理论，后有科特勒提出的 6Ps 理论和劳特朋提出的 4Cs 理论。

（四）管理营销活动

管理营销活动是指对物流营销活动进行有效的组织、实施与控制。

1. 物流营销活动的组织

实施物流营销需要有效的营销组织，营销组织应达到三个要求：

（1）灵活性，即适应环境变化，随时调整，做出正确的反应；

（2）系统性，即物流企业的每个部门都能相互配合，作为一个有机整体共同满足客户需求，共同完成物流企业的整体市场营销目标；

（3）交互性，即信息迅速、准确、及时地在物流企业各部门间、物流企业与客户间传递，在组织成立前，要做好思想舆论宣传和充分沟通的工作。

2. 物流营销活动的实施

物流营销活动的实施，是指物流企业为实现其制定的营销组合策略而将营销战略和营销方案变成具体的、可操作的营销计划。这就需要营销系统中所有人员保持协调一致，营销部门与财务、生产、人力资源、采购等其他相关部门密切配合，将营销组合策略按照目标管理和项目管理的方法，结合各职能部门的工作要求，层层分解、层层落实，形成物流营销活动实施的具体措施和细则。

3. 物流营销活动的控制

在物流营销活动实施过程中，可能会出现很多意想不到的问题，需要一个控制系统（即监督、协调、反馈系统）来保证物流营销目标的实现和营销计划的全面实施。物流营销活动的控制包括年度计划控制、盈利控制和战略控制三种。年度计划控制主要是检查物流营销活动的结果是否达到了年度计划的要求，并在必要时采取调整和纠正措施；盈利控制是为了确定在各种物流服务、服务区域、最终消费者群和分销渠道等方面的实际获利能力；战略控制是审查企业的战略计划是否有效地抓住了市场机会，以及是否与迅速变化的市场营销环境相适应。

同步实训

物流营销案例调研与分析实训

实训形式：

小组调研。

实训内容：

通过分组开展调查，熟悉当地的物流企业及其营销方式。能够运用物流营销核心术语、物流营销观念和理念简要分析物流营销的成败得失，能够梳理出物流企业的营销流程，提出改进建议，形成案例分析报告，制作 PPT 文档并演示汇报。

实训步骤：

（1）全班同学自由分组，每组 6～8 人。

（2）通过网络搜寻，凭借自己的社会关系或教师介绍，确定调研的物流企业，收集该企业的背景资料、最近的营销案例或成功的营销案例。

（3）在背景资料和目标案例明确的基础上，拟订调查提纲。

（4）以电话、邮件等方式，与企业物流营销部门进行接洽，落实调查时间、对方接待人员、调查提纲、联系人及联系方式等。

（5）企业实地调研。了解案例的背景、案例的关键细节、营销的步骤、营销的手段和营销的结果。

（6）从物流营销核心术语、物流营销手段、物流营销组织、物流营销流程的角度分析物流营销案例中成功的原因和不足之处，并对不足之处提出改进建议。

（7）形成物流目标客户开发策划书，并按照规范的格式排版。

（8）制作 PPT。

（9）汇报分享。

实训评价：

任务实训评价表如表 1-7 所示。

表 1-7　任务实训评价表

评价项目	评价标准	分值	教师评价（70%）	小组互评（30%）	得分
知识运用	了解物流营销基本术语、特征、原则以及理念	35			
技能掌握	掌握物流营销的流程并分析物流企业的营销方法	35			
成果展示	PPT 概括性、逻辑性强，美观大方	20			
团队表现	团队分工明确，沟通顺畅，合作良好	10			
合计					

任务三 物流营销人员应具备的基本素质

物流营销人员是物流企业与市场、客户沟通的桥梁，直接决定了物流营销的效果。而物流营销的效果是由物流营销人员的基本素质决定的，物流营销人员的基本素质包括综合素质和专业素质。

一、物流营销人员应具备的综合素质

综合素质的内容包括道德品质、公民素养、学习能力、交流与合作、运动与健康、审美与表现、现代信息技术运用等。我国企业用职业核心能力（德国、澳大利亚、新加坡称为"关键能力"；美国称为"基本能力"，在全美测评协会的技能测评体系中称为"软技能"）来判断一个求职者的综合素质。

职业核心能力是人们在职业生涯中除岗位专业能力之外的基本能力，它适用于各种职业和岗位变换，是伴随人终身的可持续发展能力。

1998 年，劳动和社会保障部在《国家技能振兴战略》中把职业核心能力分为八项，包括自我学习能力、信息处理能力、数字应用能力、与人交流能力、与人合作能力、解决问题能力、革新创新能力、外语应用能力。

根据职业核心能力的内涵和特点，职业核心能力可分为方法能力和社会能力两大类（见图 1-3）。方法能力是指基于个人的，一般有具体和明确的方式、手段、方法的能力，主要指独立学习、获取新知识技能、处理信息的能力，包括自我学习能力、信息处理能力、数字应用能力。方法能力是劳动者的基本发展能力。社会能力是经历和构建社会关

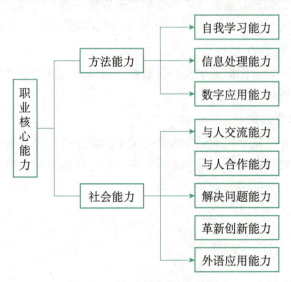

图 1-3 职业核心能力分类

系、感受和理解他人的风险与冲突并负责任地与他人相处的能力，即与他人交往、合作、共同生活和工作的能力，包括与人交流能力、与人合作能力、解决问题能力、革新创新能力、外语应用能力。

物流营销人员应具备的职业核心能力主要包括：沟通与谈判能力，客户关系管理能力，自我管理与学习能力，团队合作与协调能力，人际交往与公关能力，解决问题与创新能力等。通过不断提升这些能力，物流营销人员可以更好地满足客户需求、推动市场拓展并为企业创造更大的价值。

二、物流营销人员应具备的专业素质

专业素质是指从事社会职业活动必备的专业知识、技能、心理素质和职业素养等特殊品质，主要包括五个方面：扎实的理论基础、熟练的专业技能、全面的业务能力、健康的心理素质、崇高的职业信仰。企业用专业能力来判断一个求职者的专业素质。物流营销人员应具备的专业素质如下所述。

（一）扎实的理论基础

掌握物流营销理论的基础知识，熟悉物流营销领域的新理论、新观点、新技术、新工具、新模型，熟悉物流营销实践领域的新动向。

（二）熟练的专业技能

能够独立、熟练地进行物流市场环境分析、物流市场需求分析、物流市场竞争环境分析、物流市场调研、物流市场预测、物流市场细分、物流市场定位、物流营销组合策略制定，进行物流客户服务和物流营销绩效评估。

（三）全面的业务能力

熟悉市场、主要客户和竞争对手，熟悉企业的生产经营情况、经营方针、营销策略、财务状况、企业文化，熟悉企业的服务项目和服务流程，熟悉每道业务流程、业务环节和管理制度，熟悉与物流营销工作相关的、国内外的政策法规和国际惯例等。

（四）健康的心理素质

有进取心和责任心，有团队意识与协作精神，能够承受挫折、逆境，能够正确看待自己和他人的优缺点、成绩。

（五）崇高的职业信仰

敬业、爱业、乐业，把物流营销作为自己未来的职业方向和发展目标，认真负责，富有创造力和激情地做好每项工作，自觉追求每项具体工作的质量，精益求精。

同步实训

物流营销岗位调研

实训形式：

网络调研。

实训内容：

独立进行网络调研，登录各大招聘网站了解物流营销岗位的人员要求并做好总结。

实训步骤：

（1）全班同学独立开展。

（2）通过网络搜寻，查找物流营销领域的岗位招聘要求情况。

（3）说一说自己比较向往的岗位，并说明原因。

（4）总结调研情况，撰写实训报告。

实训评价：

任务实训评价表如表 1-8 所示。

表 1-8　任务实训评价表

评价项目	评价标准	分值	教师评价（70%）	小组互评（30%）	得分
知识运用	了解物流营销人员基本素质以及专业素质	35			
技能掌握	了解当前物流营销领域的岗位需求及要求	35			
成果展示	实训报告概括性、逻辑性强，美观大方	30			
合计					

项目练习

一、单选题

1. 市场营销的核心是（　　）。

A. 生产　　　　　　　B. 分配　　　　　　　C. 交换　　　　　　　D. 促销

2. 现代市场营销观念认为，企业市场营销的最终目标是（　　）。

A. 满足市场需求　　B. 获取利润　　　　　C. 企业发展　　　　　D. 推销产品

3. "酒香不怕巷子深"体现了（　　）。

A. 生产观念　　　　　B. 产品观念　　　　　C. 推销观念　　　　　D. 市场营销观念

4. 按主营业务划分，物流企业可分为（　　）。

①运输型物流企业　　②第三方物流企业　　③仓储型物流企业　　④第四方物流企业
⑤综合服务型物流企业

A. ①②③④　　　　　B. ②④　　　　　　　C. ①③⑤　　　　　　D. ①②④⑤

二、多选题

1. 根据营销大师菲利普·科特勒对市场营销的定义，可以将其归纳为以下要点（　　）。

A. 市场营销的最终目标在于满足需求和欲望

B. 营销的核心就是交换

C. 交换的成功与否取决于营销者创造的产品和价值满足客户需求的程度和交换过程

D. 整体营销是实现交换的主要手段

E. 整体过程是一个满足需求和欲望的社会和管理全过程

2. 市场的构成要素包括（　　）。

A. 人口　　　　　　　B. 购买力　　　　　　C. 购买欲望　　　　　D. 信息

E. 场所

3. 交换的发生必须具备（　　）。

A. 有两个或两个以上的买卖者

B. 交换双方都拥有对方认为有价值的东西

C. 交换双方都拥有沟通信息和向另一方传送货物或服务的能力

D. 交换双方都可以自由接受或拒绝对方的产品

E. 交换双方都认为值得与对方进行交换

4. 物流市场营销的观念包括（　　）。

A. 产品供应观念　　B. 市场后勤观念　　　C. 社会营销观念　　　D. 战略营销观念

E. 绿色营销观念

5. （　　）是市场营销活动的起点。

A. 欲望　　　　　　　B. 需求　　　　　　　C. 产品（服务）　　　D. 交换

三、简答题

1. 简述全球营销观念。

2. 简述物流营销的主要理念。

项目二
物流营销市场调研与分析

学习目标

※ 知识目标

理解物流营销市场调研的含义、内容。

理解物流营销市场活动与物流营销市场环境之间的辩证关系。

理解物流营销市场调研的内容，能够简述物流营销市场调研报告的框架。

掌握物流营销市场环境分析的流程、内容、方法。

※ 能力目标

能够围绕调研对象进行资料收集，利用信息渠道获取信息。

能够对调研数据进行分析。

能够明确调研问题、制订物流营销市场调研计划并组织实施物流营销市场环境调研。

能够运用 SWOT 分析法分析某个物流企业或某类物流企业营销。

能够运用物流营销市场预测的方法进行物流营销市场的预测。

能够进行市场竞争分析。

※ 素养目标

从自然环境、政治环境、经济环境、文化环境等角度增强社会责任感和人文精神。

树立正确的消费观，把握以"数字科技引领、绿色低碳消费"为主导的营销环境与消费者行为分析。

📬 引导案例

市场调研促发展

随着世界经济的不断发展，一些物流企业把精确而有效的市场调研作为企业经营、发展的必修课，手法新奇、高招频出：日本物流技术协会开设"物流意见公司"，收集对各种物流服务的意见；深圳中远物流公司研究客户的包装垃圾，改进包装策略；韩国物流公司在日本东京港附近开设餐馆了解日本物流公司的成本控制技巧；秘鲁一家物流公司捕捉客户的皱眉信息以改进服务；美国物流公司根据"顾客影子"的反馈改进服务质量；美国快递公司派员工住进中国客户家里记录其居家生活的细节而后推出了针对当今中国家庭需求而设计的快递当日达；德国邮政公司经理和高级职员每天半日坐班半日游去抓取社会信息。

他山之石，可以攻玉。在进入市场之初，只有根据本企业的实际情况进行充分的市场调查，才能成为竞争中的赢家。

资料来源：胡延华. 物流营销 [M]. 3 版. 北京：高等教育出版社，2019.

问题：

这些物流市场调研新方法对企业发展有哪些作用？

任务一　物流营销市场调研

一、物流营销市场调研的含义

物流营销市场调研就是物流企业针对特定的营销问题，运用科学的方法，对有关市场信息进行系统的收集、整理、分析和判断，提出解决问题的建议的活动。其目的是让营销管理人员了解营销环境，发现机会与问题，将调研结果作为市场预测和营销决策的依据。

市场调研是企业营销活动的起点，其作用有以下几点：有利于物流企业正确制订营销计划和营销策略，提高企业经济效益；可以分析市场、了解市场，根据市场中不断出现的新情况、新问题和新趋势把握市场的新动向，从而制订正确的营销计划和营销策略，提高企业经济效益；可以对物流服务产品品质和顾客满意度进行跟踪，提高顾客忠诚度。

视频：物流营销市场调研的概念与类型

二、物流营销市场调研的内容

一般来说，物流营销市场调研活动包括以下内容：

（一）物流服务市场宏观环境的调研

任何企业的生存和发展都离不开宏观环境。企业通过调研政治法律环境、经济技术环境、社会文化环境、自然环境等对物流企业的影响，跟踪最新的宏观环境发展动态，寻找企业新的发展机会，同时及早发现可能出现的威胁并做好准备。

（二）物流服务市场需求的调研

物流服务市场需求的调研内容主要包括：物流市场消费结构的变化情况、分布情况，消费量及潜在客户情况；客户的购买偏好和差异；市场的变化趋势等。

（三）物流服务市场竞争者的调研

物流服务市场竞争者的调研内容主要包括：竞争者的数量、竞争者现有的物流资源和现有的用户资源，以及竞争者的营销策略。通过对竞争者的调查与分析，了解竞争者的营销策略及未来的发展方向，做到知己知彼，百战百胜。

（四）物流服务产品和价格的调研

物流服务产品和价格的调研内容主要包括：市场上同类物流服务的数量，服务的品质、价格，物流服务成本及其变动情况，物流服务的供求变化情况，物流服务替代品的价格、品质以及物流服务价格的未来趋势。

（五）物流服务销售的调研

物流服务销售的调研内容主要包括：物流服务销售的现状、营销机构和人员的基本情况、销售渠道及其利用情况等。

三、物流营销市场调研的步骤

物流营销市场调研主要包括以下五个步骤，如图 2-1 所示。

图 2-1　物流营销市场调研步骤

（一）明确调研问题

物流营销市场调研首先要求物流营销人员明确调研主题，以明确的目标统领、协调整个调研工作。这需要在充分收集物流企业内外部环境有关情报和资料的基础上进行初步判断和分析，确定调研问题、调研方式和调研对象。调研问题一般可以分为探测性问题、描述性问题、因果性问题以及预测性问题。

（二）制订调研计划

营销调研计划包括信息来源、调研方法、调研工具、调研方式、调研对象等。在此基础上，要估计调研信息的价值，确定提供什么样的信息，选择收集信息的方法和相应的调研工具。根据调研方法确定地点、对象、抽样规则等，还要确定数据分析方法和报告提交方法。另外，时间、费用和人员安排也是不可缺少的。

（三）收集调研资料

在调研过程中使用两种基本类型的资料：原始资料和二手资料。原始资料是企业自己收集的资料。获取原始资料的方法有询问法、观察法和实验法等，收集原始资料对企业而言价值较高、针对性较强，但往往成本较高、花费时间较长。二手资料是其他人已经收集并且公开的资料。它可以是企业内部资料，如客户订单、销售成本、库存情况等；也可以是企业外部资料，如各种产业机构公布的统计信息、政策法规、专家人士的预测、媒体的调研报告等。二手资料的获取相对容易、成本较低。因而，如果二手资料符合企业调研的要求，就直接使用；否则，再去收集原始资料。

（四）整理分析资料

收集到信息资料后，市场调研就进入了分析和整理资料阶段，即把调研了解的有关情况进行分类、审核、存档、制表、制作数据库，以提炼、加工有价值的信息资料并方便检索。

分析信息资料的主要目的是：分析得到信息的渠道是否可靠、分析信息内容的准确性、分析信息间的相互关系和变化规律。分析方法有定性分析方法（包括归纳分析、演绎分析、比较分析、分类分析、因果分析、系统分析等）和定量分析方法（包括描述性统计分析、推断性统计分析、建模分析等）。在实际应用中，大量的数据应尽量用量化方法，如数理统计方法或数学模型法等。

（五）撰写调研报告

调研报告的撰写是整个调研活动的最后一个阶段，它是物流企业进行市场营销决策的重要依据，也是组织物流市场调研的主要目的。因此，报告不是数据和资料的简单堆砌，调研人员不能把大量的数字和复杂的统计技术堆放到管理人员面前，否则，调研就失去了价值。

物流市场调研报告的基本内容一般包括调研问题、调研目的、调研主体、调研地点、调研对象、调研时间、调研样本、调研步骤、调研方法、调研组织、资料处理手段、调研结论、若干建议等。虽然物流市场调研报告没有统一的格式，但是一般应由引言、正文、结论和附件组成。如果报告内容多，则应根据调研目的将报告分为主报告和专题报告。其中，主报告综合地反映调研方法、结论、建议等，专题报告则就某个方面或部分进行详细分析和研究。

市场调研报告表如表2-1所示。

表2-1 市场调研报告表

部门经理：				
本部门自 月 日开始了 市场调研，现将结果报告如下：				
内容				
对象				
状况				
动向				
统计			图解	
阶段性或结论性成果				

四、物流营销市场调研的方法

物流营销市场调研是一项收集、整理、加工和处理信息的系统工程，其所采用的调研方法是否得当，直接影响调研结果的质量，是调研成败的关键。调研方法一般有以下几种：

（一）询问法

询问法是指以当面、书面、打电话或发电子邮件等方式，将所要调研的事项向被调研者提出询问，以获得所需资料的方法。这是市场调研中最常见的一种方法。通常，调研人员应该事先设计好询问程序及调研表或问卷，以便有步骤地提问。询问法可以通过下列几种方式进行：

第一，面谈调研法。这是调研人员直接向调研对象当面询问以获得所需资料的一种最常见的调研方法。这种方法具有回答率高、能深入了解情况、可以直接观察调研对象的反应、可通过调研人员的解释和启发帮助调研对象完成调研任务等特点，有较强的灵活性。但这种方法也存在调研成本高、对调研人员的素质要求较高、调研结果的质量易受调研人员的工作态度和情绪影响等局限性。

第二，邮寄调研法。这是调研人员通过邮局把事先设计好的调研问卷或表格寄给调研对象，要求调研对象自行填妥并寄回的一种调研方法。其优点有：调研范围大、成本低，调研对象有充分时间独立思考问题，可以让调研对象以匿名的方式回答一些个人隐私问题，调研结果不受调研人员主观意志的影响。其缺点有：所用时间长、易出现答非所问的情况、问卷回收率低。对此，企业通常采用有奖、有酬的激励方式加以弥补。

第三，电话调研法。这是通过电话和调研对象进行交谈从而获取信息的一种调研方法。电话调研的问题需进行精心设计，提问要简单明了，便于回答，问题不要过多。以这种方法进行调研的优点是：收集资料快、成本低、电话簿有利于分类。缺点是：只限于简单的问题，难以深入交谈；调研对象的年龄、收入、身份和家庭情况等不便询问。

第四，网络调研法。网络调研法是调研人员将需要调研的问题制作成问卷，请调研对象按问卷上的要求逐项填写后发回或提交的一种调研方法。现如今，网络调研已成为企业常用的调研方法。

（二）观察法

观察法是指由调研人员有目的、有针对性地对调研对象或者事件发生的场所进行观察，从而收集所需要的资料的方法。这种调研方法大多是在调研对象不知道的情况下进行的，只能通过调研人员对调研对象的行为、态度和表现的观察来推测判断结果。常用的观察法有直接观察调研法和实际痕迹测量法等。此种方法除用人员观察外，还可以用机械设备进行记录。这种调研方法的优点是：所收集到的资料比较客观、真实，准确率较高，实用性较强。缺点是：只能看到调研对象的表象，无法深入了解情况。

（三）实验法

实验法是指市场调研者有目的、有意识地改变一个或几个影响因素，进行小规模的实验，来观察市场现象在这些因素影响下的变动情况，然后进行分析判断，最后做出决策。这种方法的优点是：便于分析寻找某些市场变量之间的内在联系，调研所取得的资料、数据较为可靠、真实。缺点是：一方面，市场因素变化大，有时难以控制而影响实验结果；另一方面，实验的市场条件不可能与其他市场条件完全相同，在实验市场成功的策略不一定适用于新市场。

五、调研问卷设计

调研问卷是市场调研中最常用的一种工具，是调研者根据调研目的，将所需调研的问题具体化，从而顺利获取必要的信息资料而设计的问卷。调研问卷的设计是否科学合理，将直接影响问卷的回收率和资料的真实性以及实用性。因此，在市场调研中，设计调研问卷是十分重要的环节，不容忽视。

（一）调研问卷的结构

一般来说，调研问卷应由问卷标题、问卷说明、填写说明、问卷主体与问卷结语五个部分组成。

（1）问卷标题。问卷标题是对调研主题的概括，既要突出主题，又要简明扼要，以引起调研对象的兴趣。

（2）问卷说明。问卷说明是对此次调研的简要说明，包括调研的组织者、目的、意义、用途等。其主要目的是得到调研对象的信任，从而获得更为准确的调研结果。

知识链接

问卷说明示例

示例一

首先感谢您在百忙之中抽空填写此问卷。我是义乌工商职业技术学院的学生，现阶段正在撰写本人的毕业论文《基于淘宝网物流服务商市场研究》。文中需要调研淘宝网用户对快递公司各项服务的满意程度。本问卷需借助您的专业知识和经验来完成，我希望能获得您的协助，现请您抽出几分钟时间回答问卷中的问题。本研究为匿名性质，您的宝贵意见将仅供研究分析之用，对于问卷内容将绝对保密，请您放心作答。您的意见对我来说非常宝贵，再次对您给予的热心帮助致以最诚挚的谢意。

示例二

亲爱的同学：你好！非常感谢你在百忙之中抽出时间填写这份问卷！这份问卷是针对网购中物流配送问题满意度的调研，调研的对象是特殊的消费群体——大学生，其消费观对我们今后的工作有着举足轻重的影响。为了了解大学生在网购中感受到物流配送的情况和存在的问题，我们策划了这次调研，感谢你的合作！

（3）填写说明。填写说明可以使调研对象了解如何填写调研问卷，如何将调研问卷交回调研人员手中。这部分内容可集中放在调研问卷前面，也可放在需要说明的问题前面。

（4）问卷主体。问卷主体是调研问卷的核心部分，主要包括调研人员所要了解的问题和其对应的备选答案。问卷主体一般可分为两部分：1）被调研者的基本情况，如姓名、性别、年龄、受教育程度和职业等；2）调研的基本内容。

（5）问卷结语。问卷结语主要是为了表达对调研对象的感谢。例如："十分感谢您的参与与合作！""谢谢您的参与！"等。此外，问卷结语中还可以附上调研人员的联系方式，如姓名、电话、电子邮箱、联系地址等，以便加强与调研对象之间的联系。

（二）调研问卷设计的步骤

一般情况下，调研问卷设计的步骤如图 2-2 所示。

图 2-2　调研问卷设计的步骤

（三）调研问卷设计的原则

1. 相关原则

由于问卷调研是通过对被调研者的询问来进行的，因此询问的问题必须是与调研主题密切相关的内容。

2. 顺序性原则

在设计问卷时，要讲究问卷的排列顺序，将容易回答的问题放在前面，较难回答的问题放在后面，使问卷条理清楚，符合逻辑顺序。

3. 易于回答原则

调研问卷中的题目应该让调研对象易于回答，不必浪费过多笔墨，也不要让调研对象感到无从下手，花费很多时间思考。

4. 选项穷尽原则

调研问卷中的题目提供的选择答案应在逻辑上是排他的，在可能性上又是穷尽的。

5. 便于统计原则

调研问卷中的每个问题都应力求简洁而不繁杂、具体而不含糊，尽量使用简短的句子，每个题目只涉及一个问题，不能兼问。对于一些能够量化的问题，应尽可能采用分类分级的方法列出明确的数量界限，使所得到的资料便于分析。

（四）调研问卷问题的形式

1. 封闭式提问

在每个问题后面给出若干个选择答案，调研对象只能在这些备选答案中选择自己的答案。

2. 开放式提问

允许调研对象用自己的话来回答问题。由于采取这种方式提问会得到各种不同的答案，不利于统计分析，因此在调研问卷中不宜过多使用。

同步实训

设计调研问卷

实训形式：

企业调研。

实训内容：

为义乌某一仓储物流企业设计一份调研问卷，了解客户对仓储服务的需求。需了解的基本情况如下：

（1）货品情况：

①货品具有什么性质、特点（易燃、易爆、易碎、易受虫害、易受潮等）？

②货品包装情况（纸箱、桶装、托盘等）是怎样的？

③单件货品质量及体积如何？

④货品品种及规格是怎样的？

（2）仓储要求：

①所要储存的货量有多大？需要多大面积的仓库？

②对仓库的地理位置有何要求？

③对库房结构、雨篷、照明有无特殊要求？

④在发货时，是需要整箱包装，还是拆零分发？

⑤在出货原则上，是否严格要求先进先出？

⑥对盘点有何要求（盘点频率、盘点方法等）？

⑦是否需要贴标签、改包装、条形码扫描等延伸性服务？

实训步骤：

（1）全班同学自由分组，每组 6～8 人。

（2）各组分别进行讨论，明确组内分工。

（3）小组成员查找网络或书籍资料，结合调研主题和被调研企业的实际情况，设计一份调研问卷。

（4）进行问卷调研与统计、测评结果分析。

（5）根据测评分析结果，撰写测评报告。

（6）形成测评报告，并按照规范的格式排版。

（7）制作 PPT，小组长代表本小组在课堂上进行分享，教师点评。

实训评价：

任务实训评价表如表 2-2 所示。

表 2-2 任务实训评价表

评价项目	评价标准	分值	教师评价（70%）	小组互评（30%）	得分
知识运用	掌握物流营销调研的内容以及调研问卷的结构	35			
技能掌握	能够选择合适的调研方法开展物流企业需求调研	35			
成果展示	调研问卷有完整的架构，PPT概括性、逻辑性强，美观大方	20			
团队表现	团队分工明确、沟通顺畅、合作良好	10			
合计					

任务二　物流营销市场环境分析

一、物流营销市场环境概念

物流营销市场环境是指一切影响、制约物流企业营销活动的所有外部力量和相关因素的集合，它是影响企业生存和发展的各种外部条件。一般可以将它分为宏观环境和微观环境，如图 2-3 所示。

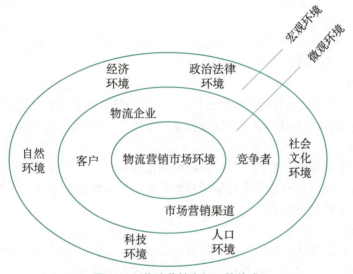

图 2-3　物流营销市场环境构成

（一）宏观环境

宏观环境是指给物流企业带来市场机会和造成环境威胁的主要力量，包括政治法律环境、经济环境、社会文化环境、科技环境和自然环境等。它涉及面广，是企业面临的外界大环境。宏观环境多为企业不能控制的因素，常常给企业带来机遇和挑战。因而，物流企业的一切活动必须适应宏观环境的变化。

1. 政治法律环境

政治法律环境是指一个国家的社会制度，如国家的方针、政策，以及国家制定的法律、法规等。政治与法律是影响企业营销的重要的宏观环境因素。

 知识链接

关于物流企业的法律法规

综合法律：《中华人民共和国民法典》《中华人民共和国海商法》《中华人民共和国对

外贸易法》等。

专业法规：《铁路集装箱运输规则》《铁路货物运输规程》《汽车货物运输规则》《国内水路运输管理条例》《港口货物作业规则》《中华人民共和国国际海运条例》《中国民用航空货物国内运输规则》《中华人民共和国进出口商品检验法》《中华人民共和国国际货物运输代理业管理规定》《商业仓库管理办法》《快递市场管理办法》等。

国际公约：《1973 年多式联运单证统一规则》《国际铁路货物联运协定》《国际道路交通公约》《统一提单若干法律规定的国际公约》《国际道路货物运输合同公约》等。

2. 经济环境

经济环境主要包括宏观经济环境和微观经济环境两方面。宏观经济环境有社会总供给、总需求的情况及变化趋势、产业结构、物价水平等；微观经济环境有社会购买力、收支结构、经济的迂回程度等。

3. 社会文化环境

社会文化环境是指由价值观念、生活方式、宗教信仰、职业与受教育程度、相关群体、风俗习惯、社会道德风尚等因素构成的环境。

4. 人口环境

人口的多少直接决定市场的潜在容量。人口越多，潜在市场规模就越大。人口环境对物流企业市场营销的影响主要体现在人口数量和增长速度、人口结构、人口的地理分布等方面。

5. 科技环境

随着科学技术和信息技术的发展，各种现代化的交通工具和高科技产品层出不穷，它们既为物流企业的高质量服务水平提供了技术支持，也为物流企业进行市场营销活动的创新提供了先进的物质技术基础。

6. 自然环境

自然环境是指企业生产经营活动中所面对的地理、气候、资源等方面的状况，是指自然界提供给人类各种形式的物质资料。随着工业化进程的日益加快，一方面创造了丰富的物质财富，满足了人们日益增长的需求；另一方面，面临资源短缺、环境污染等问题。环境污染问题已引起各国政府和公众的密切关注，这对物流企业的发展是一种压力和约束，要求物流企业为治理环境污染承担起相应的责任，同时也为物流企业提供了新的营销机会。

（二）微观环境

微观环境是指直接影响物流企业在目标市场开展营销活动的因素，包括物流企业、物流市场营销渠道、竞争者等。这些因素与物流企业紧密相连，直接影响物流企业为客户服务的质量和能力。

物流企业本身内部环境的优劣，是企业成功与否的关键。物流企业自身的人才资源、信息技术、运输设备、装卸搬运设备、储存设备、资金能力等与企业能否向客户提供高质量的物流产品和服务有着直接关系。

物流市场营销渠道包括供应商和营销中介。供应商是指物流企业从事物流活动所需资源和服务的提供者。营销中介是指协助物流企业把物品从供应地运送到接收地的活动过程中的所有中介机构，包括各类中间商和营销服务机构。

竞争者是指那些与本企业提供的产品或服务类似，并且有着相似目标客户和相似价格的企业。

知识链接

极兔速递微观环境分析

极兔速递起源于印度尼西亚，而当时的印度尼西亚无论是物流业还是快递业服务水平都很糟糕。虽然印度尼西亚的人口数量远不如中国、美国，但如果除中国和美国外，按照人口规模维度筛选，印度、印度尼西亚、巴基斯坦、巴西、尼日利亚、孟加拉国、俄罗斯、墨西哥可以进入前十，按照人口超 6 000 万的国家进行排序，可以看到印度尼西亚名列前茅。再结合其他因素考虑，印度尼西亚可以说是当前最核心的新兴市场，也就是说，极兔速递手中掌握着当今世界上最核心的新兴市场，而且印度尼西亚所属的东南亚市场，当前电商规模虽在各地区对比中较小，但增速较高。目前欧美地区等率先发展起来的成熟电商市场规模较大，渗透率更高。而新兴市场的电商市场规模和渗透率相对较低，东南亚市场电商规模仅高于中东和北非，但增速排名第一。

极兔速递的快速崛起也离不开其背后的庞大关系。其一，极兔速递借助了 OPPO 的网络基础在印度尼西亚快速起步。极兔速递的创始人李杰以前在 OPPO 工作，2013 年赴印度尼西亚推广 OPPO 手机，并帮助 OPPO 抢得印度尼西亚市场份额的第二名。而李杰也在推广 OPPO 手机的过程中发现了印度尼西亚薄弱的快递系统。因此，李杰在创立极兔速递后的前期生意就是专门为 OPPO 手机提供物流服务，这使极兔速递获得了第一批客户；同时，OPPO 经销体系的成功带来了组织之间的相互信任。其二，极兔速递与主流电商进行了合作，在东南亚，极兔速递与该地知名电商平台虾皮（Shopee）开展紧密合作，与电商企业协同进化。此外，Shopee、极兔速递与印度尼西亚、菲律宾和马来西亚等国都建立了合作关系。而极兔速递在进军中国市场时，也通过 OPPO 手机资本、步步高资本的巨额资金加盟费，以及两家庞大的线下网络快速扩张，在极短的时间内完成在国内的仓库与配送网点布局。而拼多多更是将其 200 亿的快递包裹的 90% 给了极兔速递，才使其有了在我国国内市场与各大快递龙头企业竞争的资本。

二、物流营销市场环境的特点

（一）客观性

物流营销市场环境有其运行规律和发展趋势，不以企业的意志为转移。物流企业可以积极地适应和利用客观环境，但不能改变或违背客观环境。主观臆断某些环境因素及其发展趋势，必然会导致制定营销策略时的盲目，进而造成营销活动无法顺利进行。

（二）变化性和相对稳定性

物流营销市场环境中的各个因素会随着时间的变化而变化，因此，物流营销市场环境总是处于不断变化的动态过程中。但环境中的某些因素（如自然环境、社会文化环境等）在一定时间内会保持不变，具有相对稳定性。

（三）相互关联性和相对分离性

构成物流营销市场环境的各个因素并不是相互独立的，而是相互影响、相互制约的，每种因素的变化都会导致另一种或几种因素发生相应的变化，进而形成新的物流营销市场环境。同时，在某一特定时期，环境中的某些因素又彼此相对分离，各个因素对营销活动的影响程度不同。此外，不同的环境因素对不同营销活动的影响也不同。

（四）不可控性和企业的能动性

物流营销市场环境复杂多变，物流企业不能控制它。例如：国家的物流产业政策、客户对运输方式的选择等都是物流企业不能控制的。但是物流企业可以发挥自身的能动性，通过市场调查与预测、调整营销策略等措施摆脱环境的制约或改变某些环境因素，从而促进企业发展。

三、物流营销市场环境的分析方法

物流营销市场环境的分析方法主要有 PEST 分析模型、SWOT 分析模型以及五力分析模型。

（一）PEST 分析模型

PEST 分析模型是对影响公司的各种因素进行分析的常用工具，它可以对不同行业和企业所处环境中的政治（P）、经济（E）、社会（S）、科技（T）等因素进行分析。政治环境是指制约和影响企业的政治因素，是企业宏观环境中的重要组成部分，对企业而言主要指法律、法规、政策等；经济环境是指构成企业生存和发展的社会经济状况及国家经济政策的多维动态系统，一般指社会经济结构、经济发展水平、经济体制和宏观经济政策等；社会环境是指企业所处环境中各种社会现象的集合；科技环境是指企业所处环境中科技要素以及和该要素有关的各种现象的集合。环境分析是制定战略的基础，由于战略要在一个时期内实施，一般 3~5 年，因此在对外部环境分析的时候不仅要观察当前的状况，还要对战略期内的环境变化趋势进行预测，对未来环境的变化有一个基本的判断。

（二）SWOT 分析模型

SWOT 分析模型是 1980 年由肯尼思·安德鲁斯（Kenneth Andrews）教授提出的，其中 S 指内部优势（Strengths），W 指内部劣势（Weaknesses），O 指外部机会（Opportunities），T 指外部环境对公司的威胁（Threats）（见表 2-3）。SWOT 分析的目的是对与企业密切相关的各种因素，即对内部优势和劣势、外部机会和威胁进行完整、系统、准确的评估。SWOT 分析模型实际上就是对企业内外部各方面条件进行综合和概括，最大化收益和机会，最小化劣势和威胁，分析和确定企业本身的竞争优劣势、面临的机会和威胁，进而制定出企业最佳战略的方法。

表 2-3　SWOT 分析法的概念

内部因素 外部因素	内部优势 S	内部劣势 W
外部机会 O	SO 战略：可能是最成功的战略，可以充分利用组织的优势和机会	WO 战略：为了利用外部机会，制定发展战略用以克服薄弱环节

续表

内部因素 外部因素	内部优势 S	内部劣势 W
外部威胁 T	ST 战略：如用内部优势来抵消外部威胁或规避外部威胁	WT 战略：如收缩、清算或合资，用以降低薄弱环节和威胁带来的负面影响

 **知识链接**

绿色物流的 SWOT 分析

表 2-4 为绿色物流的 SWOT 分析。

表 2-4　绿色物流的 SWOT 分析

项目属性	机遇（O） 1. 我国整体经济环境良好 2. 国际上的主流趋势是发展绿色物流 3. 加入世界贸易组织给我国绿色物流的发展带来巨大的推动力	威胁（T） 1. 国外物流企业的竞争威胁 2. 绿色物流市场的需求不足 3. 对于物流人才的争夺激烈
优势（S） 1. 我国政府对可持续发展的重视 2. 我国企业和公众的环保意识开始形成 3. 我国现代物流发展迅速	SO 战略 1. 利用企业已有的物流技术和设备，大力发展绿色物流 2. 利用当今的绿色流行风，快速完成绿色改革，早日与世界接轨 3. 政府加快规划、政策引导，加大投入	ST 战略 1. 细分物流市场，开拓新的领域 2. 企业加快发展绿色物流，增强自身竞争力
劣势（W） 1. 绿色物流的观念还未普及 2. 政府缺乏相关政策引导 3. 物流复合型人才匮乏 4. 物流技术落后 5. 物流基础设施薄弱 6. 值得借鉴的国内经验少	WO 战略 1. 大力推行绿色物流的理念 2. 政府制定相关绿色物流的政策和法规 3. 加快培养复合型物流人才 4. 企业要提高物流技术水平 5. 加快绿色物流发展的基础设施规划与建设 6. 学习国外优秀物流企业的先进经验	WT 战略 1. 减缓其他产业的资金投入，对于绿色改革需一步步推进 2. 整合物流资源，形成规模经济，增强竞争优势

资料来源：刘娜. 绿色物流的 SWOT 分析 [J]. 商业研究，2009（2）.

（三）五力分析模型

五力分析模型是由迈克尔·波特教授提出的。所有行业的竞争结构是行业内不同竞争地位综合作用的结果，这往往由竞争力的五个维度来体现和决定，即现有竞争者、潜在竞争者、替代品的威胁、讨价还价的供应商和客户。但是现实中对于该理论的应用还存在争议，该理论更多的是作为一种思考工具，而非实操的战略工具。行业竞争五力分布如图 2-4 所示。

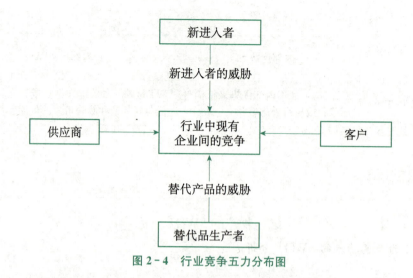

图 2-4　行业竞争五力分布图

同步实训

UPS 开展快递业务

实训形式：

案例分析。

实训内容：

案例：

美国联合包裹（United Parcel Service，UPS）是一家大型的国际快递公司，它除拥有几百架货物运输飞机外，还租用了几百架货物运输飞机，每天运输量达 1 000 多万件。UPS 在当今世界建立了十几个航空运输的中转中心，在 200 多个国家和地区建立了几万个快递中心。UPS 公司的员工达到几十万人，年营业额达到几百亿美元，在世界快递公司中享有较高的声誉。UPS 公司是从事信函、文件及包裹快递业务的公司，在世界各国和地区均取得了进出的航空权。在中国，UPS 公司建立了许多快递中心。UPS 公司充分利用高科技手段，塑造了迅速、安全、物流服务内容广泛的完美形象。

认真阅读以上案例，各小组开展讨论，完成发言提纲，要求语言流畅、文字简练、条理清晰。

实训步骤：

1. 实训前准备。要求参加实训的同学在课前认真阅读教材及相关书籍，掌握物流服务生命周期的内容。

2. 5~6 人为一个小组，以小组为单位进行案例资料的阅读。

3. 根据案例对以下问题进行分析和讨论，并对小组成员的各种观点进行记录。

（1）UPS 在进入一个国家开展快递业务之前应对哪些环境因素进行分析？为什么？

（2）它可以用什么方法进行分析？

（3）了解最新的物流政策，并分析这些政策对物流企业有哪些影响。物流企业应该如何应对？

4. 各小组选出一名代表发言，对小组讨论分析结果进行总结。

5. 对小组成员的各种观点进行分析、归纳和要点提炼，并完成案例分析发言提纲。

实训评价：

任务实训评价表如表 2-5 所示。

表 2-5 任务实训评价表

评价项目	评价标准	分值	教师评价（70%）	小组互评（30%）	得分
知识运用	理解物流营销环境的影响因素以及特点	35			

续表

评价项目	评价标准	分值	教师评价 （70%）	小组互评 （30%）	得分
技能掌握	掌握物流营销市场环境的作用	35			
成果展示	语言概括性、逻辑性强，美观大方	20			
团队表现	团队分工明确、沟通顺畅、合作良好	10			
合计					

任务三　物流企业客户分析

一、客户购买行为的模式

（一）"需求-动机-行为"模式

"需求-动机-行为"模式是从心理学的角度构建了客户购买行为模式，如图2-5所示，当客户产生需求而未得到满足时，就会引起一定程度的心理紧张。此时如果出现满足需求的目标，客户的需求就会转变为内在动机，进而驱使客户产生具体的消费行为。当客户的需求通过消费活动得到满足时，其内在的心理紧张感就会消失。

图2-5　"需求-动机-行为"模式图

（二）"刺激-反应"模式

对于具体的客户来讲，物流企业的营销活动能否产生作用，能够产生多大作用，对哪些人最有效，可以通过"刺激-反应"模式（见图2-6）反映出来。

图2-6　"刺激-反应"模式图

从这一模式中可以看出，具有一定潜在需求的客户首先受到物流企业营销活动的刺激和各种外部环境因素的影响而产生购买倾向。而基于特定的内在因素和决策方式，不同特征的客户面对外界各种刺激和影响，又会做出不同的反应，从而形成不同的购买意向和购买行为。

二、影响客户购买行为的因素

影响客户购买行为的因素主要包括文化因素、社会因素、个人因素和心理因素。这四种因素不是孤立、单独地影响客户购买行为，而是在一定购买力的前提下相互关联、相互制约，共同发挥作用的。

（一）文化因素

文化是引起个人愿望和行为的最根本原因，伴随着文化变迁，新的产品和服务不断涌现以满足消费者新的需求。同时，根据民族、地域等的不同，还会有相对应的亚文化（它是指在主文化的背景下，属于某一区域或某个集体所特有的观念和生活方式，一种亚文化不仅包含着与主文化相通的价值与观念，也有属于自己的独特的价值与观念）。除此之外，文化因素还包括社会阶层（它是由具有相同或类似社会地位的社会成员组成的相对持久的群体）。市场营销人员要格外关注社会阶层，不同社会阶层的人具有不同的购买习惯、偏好及生活方式。

（二）社会因素

社会因素包括群体因素、家庭因素以及社会角色因素等影响消费者购买行为的外部因素。

1. 群体因素

群体分为直接从属的群体、参照群体和社交网络。消费者直接从属且受到直接影响的群体称为成员群体，参照群体则是指在消费者个人态度或行为形成过程中消费者直接或间接参照的对象。口碑营销和 KOL 营销就是典型的应用消费者所处的群体及其参照群体进行营销的例子。信赖的朋友、亲戚、意见领袖提供的信息比广告或者销售等商业来源的信息更加可靠，同时意见领袖提供的信息能够凭借自身专业知识或技能、特殊个性或其他特征对他人施加社会影响。我们生活在互联网的时代，品牌通过社交网络与消费者进行互动已经是常态，建设好社交阵地对维护客户关系至关重要。

2. 家庭因素

家庭成员对购买者的行为也有很大的影响。面对不同产品以及生活的不同阶段，夫妻在购买决策上的参与程度不同。比如，以前妈妈一直是购买婴儿用品的主力，但是现在可能有越来越多的爸爸也参与进来了。随着经济的发展，人们越来越重视教育，因此孩子对家庭购买决策的影响也在扩大，家庭支出有很大一部分是用于孩子的学习成长。那么对于品牌而言，需要根据家庭因素的变化制订更为合理的营销计划。

3. 社会角色因素

每个人在社会上扮演着多种角色，比如一位男性，在单位他是老板，回到家则是父亲、丈夫和儿子。不同角色下的购买行为是不一样的，但是他们都会购买符合其社会角色的产品或服务。

（三）个人因素

消费者的购买行为与购买者的年龄、职业、经济收入、生活方式及个性密切相关。人们会随着年龄的增长进入生命周期的不同阶段，不同阶段则意味着不同的购买习惯。同时，职业、经济收入、生活方式、个性观念也是一个随之不断变化的过程。品牌会通过个人因素的不同组合（年龄、职业、经济收入是基础属性，生活方式、个性观念是品牌方需要努力理解发现的高级属性）来定位目标市场，比如 Lily 定位于都市白领的时尚女装，秉承时尚与商务的完美融合理念。品牌是有个性的，消费者不仅购买产品，还购买产品背后所代表的价值观和生活方式。

（四）心理因素

个人的购买决策受到四种主要心理因素的影响，即动机、感知、学习、信念和态度。

1. 动机

根据马斯洛的需要层次理论，人的需要由低到高分为生理需要（饥饿、干渴）、安全需要（安全、保护）、社会需要（归属感、爱）、尊重需要（自尊、认可、地位）、自我实现需要（自我发展和实现）。当人的需要强烈到一定程度时，就变成了动机。人总是先满足生理及安全的需要，当基本的需要得到满足后，它就不再是一种激励因素，而会转向满足更高层次的需要。

2. 感知

我们有五种感官即视觉、听觉、触觉、嗅觉和味觉，对不同情境的感知影响着我们的行为。信息粉尘化时代，人们不可能关注到所有的信息，实际上，人们常常会自动忽略接触到的大多数信息，这意味着让用户看到你的信息本身就是一件困难的事。即使品牌的信息被注意到了，也只是闯过了第一道关，因为人们总是倾向于选择符合自己意愿的方式理解信息，倾向于记住传播内容中与自己观点一致的那些部分，而忘掉与自己观点不一致的部分。因此营销人员必须竭尽全力使营销信息到达消费者，并且让他们正确接收和记忆信息。

3. 学习

人们总是在实践中学习，学习是指由经验引起的个人行为的改变。具体来讲，首先，学习需要内在的驱动力，而驱动是一种激发行动的强烈的内部刺激。当需要强烈到一定程度时就转化成了动机。这个时候外界再给你一个诱因，就很容易产生购买行为。比如一个女孩特别想买一件连衣裙，当她经过商品橱窗，或者看到网上的照片时都有可能刺激她产生购买行为。假设她买了这条裙子，发现质量特别好，非常满意，经常穿它，那么她对这个品牌的反应就得到了强化。下次购买时，根据经验她会更倾向于买这个牌子的衣服，她的个人行为就改变了。这就是"驱动-刺激-诱因-反应-强化反应"共同作用下的学习理论。营销人员需要将产品与消费者强烈的驱动联系起来，然后再通过刺激性诱因引导消费者购买。

4. 信念和态度

信念是指一个人对事物持有的具体看法；态度是指一个人对事物相对稳定的评价、感觉和偏好。对于一个准备买车的人而言，可能他的态度是"舒适是最重要的"；同时他可能会产生"××品牌的车设计得不太舒适"的信念。信念相对比较容易修正，但是一个人的态度却很难改变。所以企业营销人员需要发现是哪些信念影响了消费者的决策，并及时予以修正；同时，应迎合消费者的态度而不是试图改变它。

三、购买决策过程

（一）问题认知

当消费者认识到自己有某种需求时，是其决策过程的开始，这种需求可能是由内在的生理活动引起的，也可能是受到外界的某种刺激引起的。

例如：看到别人穿新潮服装，自己也想购买；或者是内外两方面因素共同作用的结果。因此，营销人员应注意不失时机地采取适当措施，唤起和强化消费者的需求。

（二）搜寻信息

信息来源主要有四个方面：个人来源，如家庭、亲友、邻居、同事等；商业来源，如广告、推销员、分销商等；公共来源，如大众传播媒体、消费者组织等；经验来源，如操作、实验和使用产品的经验等。

（三）评价备选方案

消费者得到的各种相关信息可能是重复的，甚至是互相矛盾的，因此还要进行分析、评估和选择，这是决策过程中的决定性环节。

（四）购后评价

消费者购后的满意程度取决于消费者对产品的预期性能与产品使用中的实际性能之间的对比。购买后的满意程度决定了消费者是否重复购买该产品，决定了消费者对该品牌的态度，并且还会影响其他消费者，形成连锁效应。

同步实训

模拟跨境电商企业选择物流企业

实训形式：

小组调研。

实训内容：

每个小组模拟组建一家跨境电商企业，确定企业主营品类及服务范围，先确定电商企业的规模和经营范围，然后通过各个渠道收集各国物流企业的相关资料，并结合电商企业的实际情况选择其中一家物流服务提供商。各个小组思考物流企业营销人员应如何介入整个过程，促使电商企业做出决策。

实训步骤：

（1）全班同学自由分组，每组 6～8 人。

（2）各组分别进行讨论，明确组内分工。

（3）模拟组建跨境电商企业，确定主营品类及服务范围。

（4）在小组模拟的电商企业基础上，收集各国物流企业的相关资料，整理成完整的方案。

（5）在整理好的方案的基础上，从营销人员的角度思考应该如何对接。

（6）完成跨境电商企业选择物流企业策划书，并按照规范的格式排版。

（7）制作 PPT。

（8）汇报分享。

实训评价：

任务实训评价表如表 2-6 所示。

表 2-6 任务实训评价表

评价项目	评价标准	分值	教师评价（70%）	小组互评（30%）	得分
知识运用	掌握客户购买的行为模式和影响因素	35			
技能掌握	能够在模拟场景中开展客户购买决策	35			
成果展示	PPT 概括性、逻辑性强，美观大方	20			
团队表现	团队分工明确、沟通顺畅、合作良好	10			
合计					

任务四　物流企业竞争者分析

一、竞争者分析的含义

竞争者分析是指企业通过某种分析方法识别出竞争对手，并对它们的目标、资源、市场力量和当前战略等要素进行评价。其目的是准确判断竞争对手的战略定位和发展方向，并在此基础上预测竞争对手未来的战略，准确评价竞争对手对本组织的战略行为的反应，估计竞争对手在实现可持续竞争优势方面的能力。对竞争对手进行分析是确定组织在行业中战略地位的重要方法。

竞争者分析一般包括以下内容和步骤：

（1）识别企业的竞争者。识别企业的竞争者必须从市场和行业两个方面分析。

（2）识别竞争者的策略。

（3）判断竞争者的目标。

（4）评估竞争者的优势和劣势。

（5）判断竞争者的反应模式。

二、物流企业竞争者类型

企业参与市场竞争，不仅要了解谁是自己的顾客，而且还要弄清楚谁是自己的竞争对手。从表面上看，识别竞争者是一项非常简单的工作，但是需求的复杂性、层次性、易变性，技术的快速发展和演进，以及产业的发展使得市场竞争中的企业面临复杂的竞争形势，一个企业可能会被新出现的竞争对手打败，也可能会因为新技术的出现和需求的变化而被淘汰。企业必须密切关注竞争环境的变化，了解自己的竞争地位及彼此的优劣势，只有知己知彼，才能百战不殆。

（一）按行业的角度分

1. 现有厂商

现有厂商指本行业内现有的与企业生产同样产品的其他厂家，这些厂家是企业的直接竞争者。

2. 潜在加入者

当某一行业前景乐观、有利可图时，会引来新的竞争企业，使该行业增加新的生产能力，并要求重新瓜分市场份额和主要资源。另外，某些多元化经营的大型企业还经常利用其资源优势从一个行业侵入另一个行业。新企业的加入，将可能导致产品价格下降，利润减少。

3. 替代品厂商

与某一产品具有相同功能、能满足同一需求的不同性质的其他产品，属于替代品。随着科学技术的发展，替代品将越来越多，某一行业的所有企业都将面临与生产替代品的其他行业的企业进行竞争。

（二）按市场的角度分

1. 品牌竞争者

企业把同一行业中以相似的价格向相同的顾客提供类似产品或服务的其他企业称为品牌竞争者。如家用空调市场中，生产格力空调、海尔空调、三菱空调等厂家之间的关系。品牌竞争者之间的产品相互替代性较高，因而竞争非常激烈，各企业均以培养顾客品牌忠诚度作为争夺顾客的重要手段。

2. 行业竞争者

企业把提供同种或同类产品，但规格、型号、款式不同的企业称为行业竞争者。所有同行业的企业之间存在彼此争夺市场的竞争关系。如家用空调与中央空调的厂家、生产高档汽车与生产中档汽车的厂家之间的关系。

3. 需要竞争者

提供不同种类的产品，但满足和实现消费者同种需求的企业称为需要竞争者。如航空公司、铁路客运、长途客运汽车公司都可以满足消费者外出旅行的需要，当火车票价上涨时，乘飞机、坐汽车的旅客就可能增加，相互之间争夺满足消费者的同一需要。

4. 消费竞争者

提供不同产品，满足消费者的不同愿望，但目标消费者相同的企业称为消费竞争者。如很多消费者收入水平提高后，既可以把钱用于旅游，也可以把钱用于购买汽车或购置房产，因而这些企业间存在相互争夺消费者购买力的竞争关系，消费支出结构的变化对企业的竞争有很大影响。

（三）按企业所处的竞争地位分

1. 市场领导者

市场领导者是指在某一行业的产品市场上占有最大市场份额的企业。如柯达公司是摄影市场的领导者，宝洁公司是日化用品市场的领导者，可口可乐公司是软饮料市场的领导者等。市场领导者通常在产品开发、价格变动、分销渠道、促销力量等方面处于主导地位。市场领导者的地位是在竞争中形成的，但不是固定不变的。

2. 市场挑战者

市场挑战者是指在行业中处于次要地位（第二、第三甚至更低地位）的企业。如富士是摄影市场的挑战者，高露洁是日化用品市场的挑战者，百事可乐是软饮料市场的挑战者等。市场挑战者往往试图通过主动竞争扩大市场份额，提高市场地位。

3. 市场追随者

市场追随者是指在行业中居于次要地位，并安于次要地位，在战略上追随市场领导者的企业。在现实市场中存在大量的追随者。市场追随者的最主要特点是跟随。在技术方面，它不做新技术的开拓者和率先使用者，而是做学习者和改进者。在营销方面，它不做市场培育的开路者，而是"搭便车"，以减少风险和降低成本。市场追随者通过观察、学习、借鉴、模仿市场领导者的行为，不断提高自身技能，不断发展壮大。

4. 市场补缺者

市场补缺者多是行业中相对较弱小的一些中、小企业，它们专注于市场上被大企业忽略的某些细小部分，在这些小市场上通过专业化经营来获取最大限度的收益，在大企业的夹缝中求得生存和发展。市场补缺者通过生产和提供某种具有特色的产品和服务，赢得发展的空间，甚至可能发展成为"小市场中的巨人"。

综上所述，企业应从不同的角度识别自己的竞争对手，关注竞争形势的变化，以更好地适应和赢得竞争。

（四）按竞争者的市场反应行为分

1. 迟钝型竞争者

某些竞争企业对市场竞争措施的反应不强烈，行动迟缓。这可能是因为竞争者受到自身在资金、规模、技术等方面能力的限制，无法做出适当的反应；也可能是因为竞争者对自己的竞争力过于自信，不屑于采取反应行为；还可能是因为竞争者对市场竞争措施重视不够，未能及时捕捉到市场竞争变化的信息。

2. 选择型竞争者

某些竞争企业对不同的市场竞争措施的反应是有区别的。例如：大多数竞争企业对降价这样的价格竞争措施总是反应敏锐，倾向于做出强烈的反应，力求在第一时间采取报复措施进行反击，而对改善服务、增加广告、改进产品质量、强化促销等非价格竞争措施则不大在意，认为这些不构成对自己的直接威胁。

3. 强烈反应型竞争者

许多竞争企业对市场竞争因素的变化十分敏感，一旦受到竞争挑战就会迅速地做出强烈的市场反应，进行激烈的报复和反击，势必将挑战自己的竞争者置于死地。这种报复性措施往往是全面的、致命的，甚至是不计后果的。这些强烈反应型竞争者通常都是市场上的领先者，具有某些竞争优势。一般企业轻易不敢或不愿挑战其在市场上的权威，尽量避免与其进行直接的正面交锋。

4. 不规则型竞争者

这类竞争企业对市场竞争的反应通常是随机的，往往不按规则出牌，使人感到不可捉摸。例如：不规则型竞争者在某些时候可能会对市场竞争的变化做出反应，也可能不做出反应；他们既可能反应迅速，也可能反应迟缓；其反应既可能是剧烈的，也可能是柔和的。

同步实训

物流企业营销环境分析

实训形式：

企业调研。

实训内容：

迅达物流公司原从事运输业务，现鉴于冷链物流、药品物流、回收物流、配件物流的兴起和强大的市场需求，准备进入其中一个领域。但因为没有做过详细的市场调研，迅达物流公司不敢贸然进入。现在董事会需要通过市场调查来为决策提供依据。请小组同学分析迅达物流公司所面临的宏观环境和微观环境，制订物流营销市场调研计划表并组织实施，运用软件进行数据处理，为其制定适合其自身发展需要的策略并用 PPT 演示。

实训步骤：

（1）全班同学自由分组，每组 6～8 人。

（2）各组分别进行讨论，明确组内分工。

（3）开展调研并收集运输业务相关资料，进行数据处理，整理成完整的方案。

（4）撰写分析报告并制作 PPT。

（5）小组长代表本小组在课堂上进行分享。

实训评价：

任务实训评价表如表 2-7 所示。

表 2-7　任务实训评价表

评价项目	评价标准	分值	教师评价（70%）	小组互评（30%）	得分
知识运用	掌握物流营销调研的分析方法，掌握物流营销环境分析的方法	35			
技能掌握	能够运用调研方法开展调研并进行数据分析	35			
成果展示	PPT 概括性、逻辑性强，美观大方	20			
团队表现	团队分工明确、沟通顺畅、合作良好	10			
合计					

项目练习

一、单选题

1. 物流营销市场调研一般要经过五个步骤，其中第二阶段是（　　）。

A. 明确调研问题　　B. 收集调研资料　　C. 整理分析资料　　D. 制订调研计划

2. 我们把为当前特定的调研目的而亲手收集的资料，称为（　　）。

A. 原始资料　　　　B. 二手资料　　　　C. 调研资料　　　　D. 收集资料

3. 购买决策过程的第一步为（　　）。

A. 搜寻信息　　　　B. 评价备选方案　　C. 问题认知　　　　D. 购后评价

4. 由于某国经济增速放缓，很多物流企业的经营变得比较困难，这种环境因素是（　　）。

A. 社会环境　　　　B. 政治环境　　　　C. 行业环境　　　　D. 经济环境

5. 采用 SWOT 分析方法对企业内外部环境进行综合分析。其中，O 表示（　　）。

A. 威胁　　　　　　B. 优势　　　　　　C. 机会　　　　　　D. 劣势

二、多选题

1. 影响客户购买物流服务行为的因素有（　　）。

A. 文化因素　　　　B. 社会因素　　　　C. 个人因素　　　　D. 心理因素

2. 按市场角度分，竞争者可以分为（　　）。

A. 品牌竞争者　　　B. 需要竞争者　　　C. 消费竞争者　　　D. 行业竞争者

3. 常见的物流营销市场环境的分析方法有（　　）。

A. PEST 分析模型　　　　　　　　　B. SWOT 分析模型

C. 五力分析模型　　　　　　　　　　D. 层次分析法

4. 物流营销微观环境有（　　）。

A. 政治法律环境　　B. 竞争者　　　　　C. 科技环境　　　　D. 营销中介

5. 个人的购买决策受到心理因素的影响，主要可归纳为（　　）。

A. 动机　　　　　　B. 感知　　　　　　C. 信念态度　　　　D. 学习

三、简答题

1. 物流营销市场调研的步骤有哪些？

2. 什么是 PEST 分析法？

3. 影响客户购买行为的因素有哪些？

项目三
物流企业目标市场

学习目标

※ 知识目标

掌握物流市场细分方法。

理解物流企业目标市场选择的标准、策略。

掌握物流企业市场定位确立的步骤和策略。

※ 能力目标

能够简述物流市场细分、物流企业目标客户选择及物流市场定位的概念、依据、原则，能够列举物流市场细分及物流目标客户选择的方法。

能够陈述物流市场细分、物流企业目标客户选择及物流企业市场定位的步骤。

※ 素养目标

以校企合作单位——顺丰快递确定物流市场目标客户来开展实训，通过对企业实践案例问题的思考来提升职业胜任能力、自我认知能力和思辨能力。

引导案例

UPS 在中国

面对市场挑战，UPS 要想实现品牌和市场份额的突破，必须明确自己的目标市场，同时要与客户建立情感连接，准确找到消费者的诉求点。首先，通过市场细分，UPS 将中、小制造业企业（有 50～500 名员工的企业）定为主要目标市场，在中国大约有 162.4 万个这样规模的企业。其又把这些企业的部门经理、企业主和物流专员等作为主要目标消费群，这些人是决策者或是能影响选择快递和供应链解决方案供应商的人。UPS 将中、小制造业企业主定义为"有挑战性且具有能动性的企业家"。这些中国企业家富于能动精神，他们希望找到真诚的合作伙伴，以帮助自己更好地进行全球业务的拓展。UPS 作为北京 2008 年奥运会赞助商，帮助北京奥组委为北京奥运会提供了各种供应链级别和层次的物流和快递服务。UPS 能为北京奥组委做到这一切，也一定能轻松地帮助中国的企业完成任务。

UPS 成功地找出了消费者的诉求点，承诺"UPS 帮助北京奥组委传递更多，同样也能为您传递更多！"，UPS 把自己的品牌定位为帮助企业获得成功的伙伴。通过市场细分和品牌的特色定位，UPS 找到了准确的目标市场。

问题：

1. 物流企业如何进行物流市场细分？
2. 物流企业如何定位目标市场？

任务一 物流市场细分

一、物流市场细分的概念

物流市场细分是指根据物流需求者的不同需求和特点，将物流市场分割成若干个不同的子市场。经过分类，同一个子市场内部的物流需求者都具备相同的消费需求、消费模式等，而不同子市场的需求者则存在明显差异。物流市场细分是物流企业目标市场营销的前提和基础，只有在选择目标市场的基础上，才能采取相应的市场营销组合策略。

物流市场细分的目的是识别重要客户、了解客户的需求特征、改进现有服务的设计、寻找新的服务机会、寻找某一服务的可能目标市场、树立更好的品牌和公司形象等。物流市场细分的核心和实质就是细分物流客户的需求，通过物流市场细分将具有相同需求特征的客户划为一个客户群，并界定不同客户群的需求，以识别物流服务的优先性。如果某种物流服务需求在市场中没有得到充分满足，物流企业即可将此作为差异化的市场机会，并提供与需求相适应的物流服务，以创造差异化的竞争优势。

二、物流市场细分的作用

（一）有利于发现市场机会

在买方市场条件下，物流企业营销决策的起点在于发现有吸引力的市场环境机会。这种环境机会能否发展为市场机会，取决于两点：一是与物流企业的战略目标是否一致；二是物流企业利用这种环境机会，能否比竞争者更有优势并能获得显著收益。显然，这些必须以物流市场细分为依据。通过物流市场细分，物流企业可以发现不同客户群的需求状况及其满足程度，迅速占领未被满足的市场，从而提高市场占有率，取得营销优势。

（二）有利于制定市场营销组合策略

一个特定市场一般只有一种最佳营销组合，而这种最佳营销组合只能是物流市场细分的结果。物流市场细分不仅有助于物流企业正确地选择目标市场，还有助于物流企业针对不同细分市场的特点制定适当的营销组合策略，从而保证营销活动的针对性和有效性。

（三）有利于提高物流企业的竞争力

物流企业的竞争力受客观因素的影响而存在差别，但通过有效的物流市场细分可以改变这种差别。物流企业进行市场细分以后，每个细分市场上竞争者的优势和劣势都会明显地暴露出来。物流企业只要看准市场机会，利用竞争者的弱点，同时有效地利用本企业的资源优势，就能用较少的资源把竞争者的现有客户和潜在客户变为本企业的客户，从而提高市场竞争力。

三、物流市场细分的原则

为了保证物流市场细分的合理性，物流企业在进行市场细分时，应遵循以下原则。

（一）可衡量原则

可衡量原则包括两个方面的内容：一是物流细分市场的客户特征信息易于获取和衡量，如男女性别人数、各年龄层次人数等都是可衡量的；二是各个细分市场范围界定清晰，规模大小能够被衡量。

（二）可进入原则

可进入原则是指物流企业利用现有的资源条件与市场营销能力，可以进入并占领所选定的细分市场。该原则主要包括两个方面的含义：一是细分市场值得物流企业去占领，即能为物流企业带来价值；二是细分市场是物流企业能够进入的，即物流企业具有进入某个细分市场的资源条件和竞争实力。

（三）可盈利原则

可盈利原则是指细分市场的规模与潜量足以使物流企业实现盈利目标。如果细分市场的客户数量、购买力和购买频率等指标不高，则说明该细分市场的潜力不大，难以补偿物流企业的生产与销售成本，更谈不上盈利。因此，有效的物流细分市场必须具有足够的需求规模与潜量，保证物流企业可以盈利，从而使物流企业不断发展和壮大。

（四）稳定性原则

稳定性原则是指细分市场在一定时期内能够保持不变。物流市场细分是物流企业选择目标市场、制定营销组合策略的依据，因此，能否在一定时期内保持细分市场的相对稳定，直接关系到物流企业营销活动能否正常开展。

四、物流市场细分的种类

根据物流市场的特点，物流企业可按照客户行业、地理区域、物品属性、客户规模、关联程度、时间长短、服务方式和利润回报等对物流市场进行细分。

根据客户所属的行业性质，可将物流市场细分为农业、制造业、商贸业等。

根据地理区域，可将物流市场细分为区域物流、跨区域物流和国际物流。

根据物品属性，可将物流市场细分为投资品市场和消费品市场。

根据客户规模，可将物流市场细分为大客户、中等客户和小客户。

根据客户与企业建立关系的时间长短，可将物流市场细分为长期客户、中期客户和短期客户。

根据服务方式，可将物流市场细分为单一型物流服务市场和综合型物流服务市场。

根据利润回报，可将物流市场细分为高利润产品（服务）市场和低利润产品（服务）市场。

 **知识链接**

<h2 style="text-align:center">圆通市场细分</h2>

圆通市场细分如表 3-1 所示。

表 3-1 圆通市场细分

相关要素	主要市场和条件
地理要素	随着一线城市物流市场饱和，二线和三线城市的物流市场已成为圆通的主要目标
人口要素	以 18~30 岁的年轻人为主（这部分人有经济购买能力，对快递也有需要），圆通做的是平价快递
心理要素	对快递物流中货物安全的需要，对美观的需要，采取全国统一的包装；提供快速的配送，以满足客户对速度心理的需要；快递员都经过专业的培训

五、物流市场细分的方法

视频：物流市场
细分的方法

按照影响物流消费者需求的因素进行物流市场细分的方法有单一因素细分法、综合因素细分法等。

（一）单一因素细分法

单一因素细分法是指物流企业根据影响物流消费者需求的某项单一因素进行物流市场细分，如按照物流消费者所处的地理区域来细分，可以分为区域内物流市场、区域外物流市场、国际物流市场；按照物流消费者的产品属性来细分，可以分为生产资料物流市场和消费资料物流市场。

（二）综合因素细分法

综合因素细分法是指以影响物流市场需求的两种或两种以上的因素进行综合划分。客户的需求差异极为复杂，只有从多方面去分析、认识，才能更准确地把它们区分为不同的群体。

根据企业经营特点及影响物流需求的多种因素（各项因素之间先后有序），可由粗到细、由浅入深、由简至繁、由少到多，逐步进行细分，使目标市场越来越具体。

按照物流产品（顾客需要）和市场（顾客群）这两个因素的不同组合来细分市场，物流市场有 5 种不同的需要（供应物流、生产物流、销售物流、回收物流、废弃物物流），同时有 3 个不同的顾客群（国企、民营企业、个体户），这样就形成 15 个细分市场。

六、物流市场细分的步骤

第一，确定物流服务市场范围。物流企业可通过市场调研来确定物流服务市场范围。需要注意的是，物流服务市场范围的确定要以市场需求而不是物流服务的特征为依据。当市场需求发生变化时，物流企业也要对细分市场做出相应的调整。同时，物流企业还应结合自身的资源条件和经营目标，明确自己能力所及的市场范围。

第二，列举潜在客户的基本需求。确定物流服务市场范围之后，物流企业可根据相应的市场细分标准，估计潜在客户的基本需求，并尽可能详细地将这些需求列举出来。

第三，分析潜在客户的不同需求。物流企业在列出所有潜在客户的需求情况后，应在此基础上对各种需求进行归类分析。例如：对所有客户的共同需求和某些客户的特殊需求进行归类分析。

第四，以特殊需求作为细分标准。在对客户的需求进行分析之后，排除其中的共同需求，选择具有鲜明特征的特殊需求作为物流市场细分的标准。共同需求虽然重要，但只能作为制定营销组合策略的参考，而不能作为市场细分的标准。

第五，初步确定各细分市场并命名。根据潜在客户基本需求的差异，对各客户群进行必要的合并与分解，初步确定各细分市场并赋予每个细分市场一定的名称，以反映不同细分市场的特点。

第六，最终确定各细分市场。深入分析每个细分市场的需求与购买行为特点，并分析其产生的原因，以便在此基础上决定是否可以对这些细分市场进行合并或进一步细分，最终确定各细分市场。

第七，评估各细分市场规模。根据市场调研结果，评估每个细分市场中客户的数量、购买频率、平均每次的购买数量等，并对细分市场的竞争状况和发展趋势做出分析。

同步实训

物流市场细分实训

实训形式：

小组讨论。

实训内容：

微型客车曾在20世纪90年代初持续高速增长，但是自90年代中期以来，各大城市纷纷取消"面的"，限制微客，微型客车至今仍然被大城市列在"另册"，受到歧视。同时，由于各大城市在安全和环保方面的要求不断提高，成本的提升使微型客车的价格优势越来越小，因此很多微型客车厂家已经把主要精力转向轿车生产，微型客车产量的增幅迅速下降。

在这种情况下，奇瑞汽车公司经过认真的市场调查，精心设计微型轿车打入市场。微型轿车不同于一般的微型客车，是微型客车的尺寸、轿车的配置，新品发布后获得良好的市场反应，同时获得多个奖项。

实训步骤：

（1）全班同学自由分组，每组6～8人。

（2）小组成员通过网络搜索或查找书籍资料，了解奇瑞公司采用什么策略在微型轿车市场占据一席之地。

（3）将小组实训结果制作成PPT，小组长代表本小组在课堂上进行分享。

实训评价：

任务实训评价表如表3-2所示。

表3-2 任务实训评价表

评价项目	评价标准	分值	教师评价（70%）	小组互评（30%）	得分
知识运用	掌握物流市场细分的概念和原则	35			
技能掌握	能够辨析物流市场细分的种类，运用细分方法开展案例分析	35			
成果展示	PPT制作精美，观点阐述清晰	20			
团队表现	团队分工明确、沟通顺畅、合作良好	10			
合计					

任务二　物流企业目标市场选择

一、物流企业目标市场的含义及标准

（一）物流企业目标市场的含义

物流企业目标市场是指物流企业决定进入并为之提供物流服务的细分市场。物流企业在对细分市场进行评估后，首先要确定有多少细分市场才可进行目标市场选择。

（二）物流企业目标市场的标准

1. 具有一定的需求规模

细分市场需求规模是指细分市场中客户的数量及客户购买的物流服务数量的多少。如果没有一定的物流需求规模，市场增长率不高，物流企业就不能体现行业优势，该市场也构不成现实的市场和企业的目标市场。

2. 发展潜力大

发展潜力指细分市场的增长能力。物流市场发展潜力可以用市场潜量来表示。市场潜量是指在一个既定条件下，整个行业营销达到极限时市场需求的总量。市场潜量＝购买者数×每个购买者的平均购买数量×服务的单价价格。物流细分市场有良好的发展前景和潜力，可以支撑物流企业的稳定发展。

3. 有较强吸引力

有足够的吸引力就意味着长期盈利能力大。物流市场具备适当规模和增长潜力，并不意味着能给企业带来收益，特别是长期盈利。决定物流市场是否具有长期盈利能力的结构性因素主要有竞争者数量和质量、市场进入门槛和退出障碍、替代服务出现的可能性和数量、客户议价能力。如细分市场已有很多竞争者，则该市场就缺乏吸引力。

有些细分市场虽然规模足够、潜力诱人，但如果不符合物流企业自身的发展目标，或者企业在人员、资金、装备技术、管理水平上不具备相当的实力，就只能放弃。因此，物流企业在选择目标市场时，应遵循企业既定的发展方向，发挥企业的竞争优势，保证服务项目、市场和技术三者密切关联，使企业获得更好的经济效益。

二、物流企业目标市场选择模式

物流企业在选择目标市场时有五种可供参考的模式，如图 3-1 所示。

（一）市场集中化

市场集中化也称"密集单一市场"，是指物流企业只选择一个细分市场，提供一种物流服务的市场模式。

优点：物流企业专注于一个细分市场，更容易深入了解该细分市场的特点；物流企业

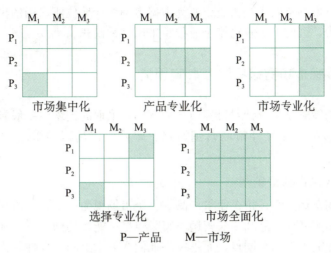

图 3-1 选择目标市场的五种模式

提供的服务更符合该细分市场的需求，更容易占领市场。

缺点：如果市场环境发生突变，物流企业就会面临危机；如果有强大的竞争者进入，就会令物流企业措手不及。

（二）产品专业化

产品专业化是指物流企业同时向几个细分市场提供同一种物流服务，但物流服务的档次和功能有所不同。

优点：可以分散物流企业的经营风险，即使其中某个细分市场不景气，物流企业仍可以从其他细分市场获利；物流企业可以在该服务领域形成竞争优势，树立起良好的形象。

缺点：如果该物流服务被替代品替代，物流企业将会陷入危机。

（三）市场专业化

市场专业化是指物流企业专门向某一细分市场提供各种物流服务。

优点：物流企业经营的物流服务类型众多，能有效分散经营风险。

缺点：由于物流服务多样化，物流企业将有限的资源分散到各种物流服务中，很难做精、做大品牌；一旦该市场的需求降低，物流企业将会陷入危机。

（四）选择专业化

选择专业化是指物流企业选择几个联系较少的细分市场作为目标市场，并为这几个细分市场提供不同的物流服务。每个细分市场都有适度的市场容量并且符合物流企业的发展目标和资源实力，物流企业在每个细分市场上都有较大的竞争优势。

优点：能够最大限度地分散物流企业的经营风险，即使物流企业在其中一个细分市场亏损，在其他细分市场还可以盈利。

缺点：由于选择的多个细分市场相关性不够，物流企业难以共享自身资源，造成资源分散，可能会加剧风险。

（五）市场全面化

市场全面化是指物流企业全方位地进入各个细分市场，通过提供各种物流服务去满足不同客户的需求。市场全面化是物流企业为占据市场领导地位所采用的模式，要求物流企业具有雄厚的实力，因此，一般物流企业很少采用这种模式。

三、物流企业目标市场营销策略及影响因素

目标市场营销策略是企业针对目标市场的营销所采取的策略。一般有三种基本的目标市场营销策略，包括无差异性市场营销策略、差异性市场营销策略、集中性市场营销策略。

（一）无差异性市场营销策略

无差异性市场营销策略是指企业将产品的整个市场视为一个目标市场，用单一的营销策略开拓市场，即用一种产品和一套营销方案吸引尽可能多的购买者。无差异性市场营销策略只考虑客户在需求上的共同点，而不关心他们在需求上的差异性。无差异性市场营销策略如图 3-2 所示。

图 3-2　无差异性市场营销策略

（二）差异性市场营销策略

差异性市场营销策略是指将整个物流市场划分为若干细分市场，针对每一细分市场制定一套独立的物流营销方案。该策略是建立在客户需求具有异质性的基础上，物流企业对不同细分市场设计不同的物流活动，采取多种经营方式和不同的促销方案。差异性市场营销策略如图 3-3 所示。

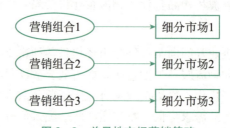

图 3-3　差异性市场营销策略

（三）集中性市场营销策略

集中性市场营销策略是指集中力量进入一个或少数几个细分市场，实行专业化生产和销售。实行这一策略，企业不是追求在一个大市场角逐，而是力求在一个或几个子市场占有较大份额。对一些资源有限、实力不够雄厚、新进入市场的物流企业来说，采用这一策略是为了更深入地了解细分市场的需要，实现专业化经营，在局部市场上创造出优势。集中性市场营销策略如图 3-4 所示。

营销策略选择的影响因素，是物流企业选择目标市场时需要考虑的一般因素。对于物流企业而言，应在实践中根据企业内外部实际经营状况灵活运用，主要影响因素表现在以下方面。

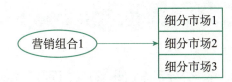

图 3 - 4　集中性市场营销策略

1. 企业实力

企业实力是选择目标市场营销策略的首要因素。物流企业的实力由其运营规模、技术力量、财务能力、经营管理能力等构成。如果物流企业实力较强，有可能占有较大的市场，则可采用差异性市场营销策略或无差异性市场营销策略；如果实力有限，无力覆盖整个市场，则宜采用集中性市场营销策略。

2. 市场差异性

市场差异性是要明确目标市场类同性的大小，目标市场是同质市场还是异质市场。如果目标市场客户需求、购买行为等方面相似程度高，则宜实行无差异性市场营销策略；反之，如果客户的需求偏好、态度、购买行为等差异较大，则宜采用差异性市场营销策略或集中性市场营销策略。

3. 物流服务的差异性

在物流企业目标客户眼里，不同物流企业提供的物流服务存在差异性或同质性，要清楚地知道物流服务在客户看来同质性的大小。目标市场同质性高，可采用无差异性市场营销策略；同质性低，可采用差异性市场营销策略或集中性市场营销策略。

4. 物流服务项目所处的市场生命周期

处于市场生命周期不同阶段的物流服务项目，需要根据各阶段的特点，分别采用不同的目标市场营销策略。

5. 市场竞争状况

竞争者的数量、实力和市场容量是物流企业确定目标市场营销策略时应考虑的重要因素。当竞争者较少或实力较弱时，可采用无差异性市场营销策略；反之，则应选择差异性市场营销策略或集中性市场营销策略。

6. 竞争对手的战略

物流企业之间选择何种营销策略存在博弈行为，可以根据竞争对手强弱及其采用的营销策略选择营销策略。如当强大的竞争对手采取无差异性市场营销策略时，实力相对较弱的企业可采取集中性市场营销策略或差异性市场营销策略。

同步实训

分析物流公司的目标市场选择策略

实训形式：

小组讨论、案例分析。

实训内容：

某物流公司分别对家具行业和电子产品行业进行了研究，发现两类市场目标客户对物流服务满意度的关注点存在明显差异。在家具市场中，企业提供信息的质量完全不受重视，原因可能是家具产品技术含量较低，涉及的质量问题较少；而订购过程对满意度有较大影响，原因也是由于产品特性，人们更注重订购过程操作的简易性和效率；在收货过程的末期，时效性和误差处理不受重视，且货品的完好程度对误差处理没有影响。这样，对满意度有影响的只有订购过程一环。因此，对于家具行业这类不存在太多质量问题、技术含量不高、需求时效性不强的商品，订购过程对满意度有重要影响。而在电子产品市场上，客户特别关注提供信息的质量和服务的时效性等。

根据调研结果，该物流公司在物流差异化决策中特别强调订购方便快捷，建立了自动订货信息系统提供专门的订购服务，并注意简化订货手续。同时，该物流公司减少了人员沟通费用，由此实现了针对家具市场的物流服务。

实训步骤：

（1）学生自由分组，每组 3～5 人，并推举出小组长。

（2）该物流公司的物流差异化决策具体体现在哪些地方？

（3）家具市场和电子产品市场客户关注点的差异说明了什么？

（4）将任务实施结果制作成 PPT，小组长代表本小组在课堂上进行分享。

实训评价：

任务实训评价表如表 3－3 所示。

表 3－3　任务实训评价表

评价项目	评价标准	分值	教师评价（70%）	小组互评（30%）	得分
知识运用	理解物流企业目标市场的选择模式以及营销因素	35			
技能掌握	能够辨析不同情景下对应的市场策略	35			
成果展示	PPT 制作精美，观点阐述清晰	20			
团队表现	团队分工明确、沟通顺畅、合作良好	10			
合计					

任务三　物流企业目标市场定位

一、物流企业目标市场定位的含义

物流企业目标市场定位是指物流企业通过自身的物流服务创立鲜明个性，塑造出与众不同的市场形象，使之在客户心中占据一定的位置，从而更好地维护客户，赢得客户信任。这对于物流企业的发展具有重要的作用。

二、物流企业目标市场定位的步骤

（一）以产品的特征为变量勾画出目标市场的结构图

物流服务产品的特征有：价格（高与低）、质量（优与劣）、能力（大与小）、功能（多与少）等。运用这些变量，两两组合便可以画出多个平面图。假定有 4 个竞争者（A、B、C、D），按照价格与质量进行组合，就可形成一个结构图，如图 3-5 所示。

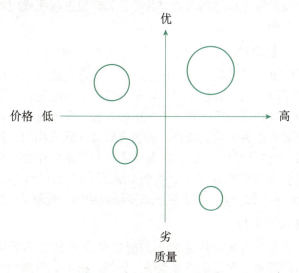

图 3-5　目标市场结构图

（二）识别潜在竞争优势

在上述结构分析的基础之上，物流企业要识别潜在竞争优势。物流企业的竞争优势主要表现在两方面：成本优势和服务差别化优势。成本优势是指物流企业能够以比竞争者低廉的价格提供相同质量的物流服务，或以相同的价格提供质量更好的物流服务。服务差别化优势是指物流服务独具特色，与客户需求相适应。

首先，物流企业必须进行规范的市场研究，切实了解目标市场的需求特点以及这些需求被满足的程度，这是取得竞争优势的关键。其次，要研究主要竞争者的优势和劣势，可以从三个方面评估竞争者：（1）竞争者的业务经营情况，如近三年的销售额、利润率、市场份额、投资收益率等；（2）竞争者的核心营销能力，主要包括开发能力、服务质量和促销能力等；（3）竞争者的财务能力，包括获利能力、资金周转能力、偿债能力等。最后，物流企业要了解自己的情况，包括资金实力、营销能力、优势和不足等。

（三）定位核心竞争优势

核心竞争优势是指与主要竞争者相比，物流企业在服务质量、服务功能、营销渠道、品牌知名度等方面所具有的可获得明显差别利益的优势。物流企业应将自己的全部营销活动加以分类，并将主要环节与竞争者的相应环节进行比较分析，以识别和判断自己的核心竞争优势。

（四）制定发挥核心竞争优势的战略

物流企业在市场营销方面的核心竞争优势必须通过明确的市场战略才能体现出来。例如：通过广告传播核心竞争优势战略定位，逐渐形成一种鲜明的市场概念，这种市场概念能否成功，取决于它是否与客户的需求和企业追求的利益相吻合。

三、物流企业目标市场定位的方法

物流企业推出的每种服务项目都需要对其特色和形象进行明确定位。物流企业目标市场定位的方法有以下几种。

（一）根据服务项目定位

服务项目定位是物流企业市场定位的核心，也是决定企业经营成败的关键。根据服务项目定位可细分为依据服务项目特色定位和依据服务项目功能定位。依据服务项目特色定位是根据服务项目的本身特征来明确它在市场中的位置。在具体定位时，可以把形成服务项目内在特色的特征要素作为定位的依据，如服务质量、服务档次、面向客户的层次、价位等。依据服务项目功能定位是为传统物流服务项目开发新的作业功能，或对其功能进行拆分、合并，是物流企业适应市场变革、实现物流现代化的必然要求。我国传统的流通业、仓储业、交通运输业、邮政业，正是依据服务项目功能的重新定位焕发出新的生机的。

（二）根据服务水平定位

按照二八定律，企业将占客户数目 20％却能带来 80％利润的那部分客户作为重点客户，并按照重点客户的服务要求设定服务水平。另外，市场竞争激烈、可替代性强的物流市场可以通过增值服务来稳定客源。

（三）根据主导区域定位

由于自身资金投入能力、管理水平、运营成本、客户要求的约束，物流企业只能将有利于发挥企业优势的区域作为主导区域和业务覆盖范围。

（四）根据客户关系类型定位

客户关系的类型分为普通合作伙伴关系和战略合作伙伴关系。对于这两类客户，分别采取不同的市场定位，对服务项目、服务水平设定不同的内容和档次。

（五）根据竞争者定位

根据竞争者的特色与市场位置，结合企业自身的发展需要，可以采取相同定位，即将物流市场定位于与竞争者相同的地域、服务项目及服务水平，或者定位于与竞争者相关的不同属性或利益。

四、物流企业目标市场定位策略

（一）领先定位策略

领先定位策略是指物流企业选择的目标市场尚未被竞争者发现，物流企业率先进入，抢先占领市场的策略。采用领先定位策略，应注意以下几个方面：

（1）该市场具有强大的市场潜力；

（2）本企业具备领先进入的能力；

（3）该市场有利于物流企业打造营销特色；

（4）该市场有利于物流企业提高市场占有率。

（二）市场跟随者定位策略

市场跟随者定位策略是指那些在市场上处于第二、第三甚至更低地位的企业，居于次要地位，参与竞争但不扰乱市场局面，跟随市场领导企业开拓市场，模仿领导企业的服务项目开发、营销模式，力争在共处的状态下求得尽可能多的利益。这类企业一般规模较小，实力也较弱，既无法与市场领先者抗争，也无法完全做到避开强有力的竞争对手，只能跟随市场领先者，采取模仿、追随的定位策略以在激烈的市场竞争中分得一杯羹。采用这种定位策略有以下三种战略可供选择：

（1）紧密跟随。物流企业在各个细分市场和营销组合方面尽可能模仿主导者，不与主导者发生直接冲突。

（2）距离跟随。跟随者在目标市场、服务创新、价格水平和分销渠道等主要方面追随主导者，但仍与主导者保持若干差异。

（3）选择跟随。物流企业在某些方面紧跟主导者，在另一些方面又发挥自己的独创性。

（三）市场补缺者定位策略

市场补缺者定位策略是指物流企业专注于市场上被大企业忽略的细小部分，在这些小市场上通过专业化经营来获取最大限度的收益，在大企业的夹缝中求得生存和发展的定位策略。选择这种策略的企业的主要战略是专业化市场营销，即在市场、客户、渠道等方面实行专业化。

同步实训

物流企业目标市场定位调研

实训形式：

企业调研、小组合作。

实训内容：

德邦物流公司一直做传统运输业务，企业目前发展稳定，积累了一定的资金和资源，但是感觉到需要拓展新业务，公司通过对快递市场、药品物流、冷链物流、快速消费品物流、配件物流等市场的详细调研，根据战略决策，决定进入快递市场和冷链物流市场。

5～6人一组成立项目团队，分别或集中完成调研任务，在调研的基础上，要求每个团队撰写一份德邦公司目标客户选择报告，其中既要有选择的依据、方法、步骤，也要对选定的细分市场及目标客户有一些简短的点评。

实训步骤：

1. 收集校外实习基地物流企业创业初期的市场定位、目前的市场定位或市场定位转型的相关资料；

2. 收集校外实习基地物流企业目标客户群，并查询与其客户群类似的企业，对比德邦物流公司的现有条件，确定拟调研企业群的范围（选定2～3家企业作为重点调研对象）及背景资料，拟订调查提纲；

3. 以电话、邮件等方式，与待调查企业相关部门进行接洽，落实调查时间、对方接待人员、调查提纲、联系人及联系方式等；

4. 依照选择目标市场的标准，分析制约德邦物流公司目标市场选择的因素，实地调研企业，利用物流企业目标市场选择的方法和策略，为校外实习基地物流企业选定目标市场及市场定位；

5. 进行必要的资料补充，形成一份完整的调研报告；

6. 制作PPT；

7. 小组长代表本小组在课堂上进行分享；

8. 团队间交流收获和教师点评；

9. 改进调研报告和PPT。

实训评价：

任务实训评价表如表3-4所示。

表3-4　任务实训评价表

评价项目	评价标准	分值	教师评价（70%）	小组互评（30%）	得分
知识运用	能够理解物流企业目标市场选择和市场定位的基本步骤和方法	35			

续表

评价项目	评价标准	分值	教师评价 （70%）	小组互评 （30%）	得分
技能掌握	分析方法选择科学合理，对物流企业目标市场和市场定位的分析合理、准确	35			
成果展示	PPT 制作精美，观点阐述清晰	20			
团队表现	团队分工明确、沟通顺畅、合作良好	10			
合计					

项目练习

一、单选题

1. （　　　）是指企业根据物流消费者的不同特性将需求大致相同的消费者归为一类，即将整体物流市场划分为若干个市场部分或子市场的过程。

A. 物流市场定位 　　　　　　　　　　B. 物流企业目标市场选择

C. 物流市场细分 　　　　　　　　　　D. 品牌定位

2. 同一细分市场的顾客需求具有（　　　）。

A. 绝对的共同性　　B. 较多的共同性　　C. 较少的共同性　　D. 较多的差异性

3. 物流企业目标市场定位步骤是（　　　）。

①以产品的特征为变量勾画出目标市场的结构图

②识别潜在竞争优势

③定位核心竞争优势

④制定发挥核心竞争优势的战略

A. ①②④③　　　　B. ④②①③　　　　C. ④①②③　　　　D. ①②③④

4. 对于资源有限的中小物流企业或是初次进入新市场的大企业，一般采用（　　　）。

A. 集中性市场营销策略 　　　　　　　B. 差异性市场营销策略

C. 无差异性市场营销策略 　　　　　　D. 大量营销策略

5. 如果物流企业实力雄厚，可以考虑采用（　　　）。

A. 无差异性市场营销策略 　　　　　　B. 差异性市场营销策略

C. 大量营销策略 　　　　　　　　　　D. 集中性市场营销策略

二、多选题

1. 物流市场细分的核心和实质就是（　　　）。

A. 细分物流客户的需求 　　　　　　　B. 将具有相同需求特征的客户划为一个客户群

C. 界定不同客户群的需求 　　　　　　D. 识别物流服务的优先性

2. 物流企业目标市场营销策略主要有（　　　）。

A. 无差异性市场营销策略 　　　　　　B. 差异性市场营销策略

C. 大量营销策略 　　　　　　　　　　D. 集中性市场营销策略

3. 物流市场细分的原则有（　　　）。

A. 可衡量原则　　B. 可盈利原则　　C. 稳定性原则　　D. 可进入原则

4. 属于消费品市场细分标准的是（　　　）。

A. 地理细分　　　B. 人口细分　　　C. 行为细分　　　D. 最终用户

5. 物流服务的最终目的是要服务需求者提供一种需求可得性的保证，这种保证包括（　　　）。

A. 能力保证　　　B. 品质保证　　　C. 时效保证　　　D. 数量保证

三、简答题

1. 什么是物流市场细分？

2. 物流市场细分有什么标准和方法？

3. 物流企业目标市场营销策略有哪些？有何区别？

项目四
物流企业营销策略制定

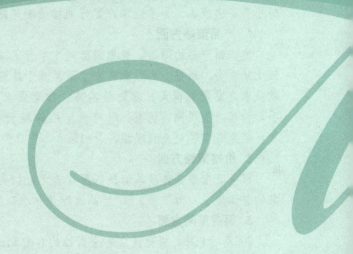

学习目标

※ 知识目标

理解并掌握物流服务产品、物流服务定价、物流服务分销渠道、物流服务促销的内容及策略。

理解物流服务生命周期理论。

※ 能力目标

能够设计一套富有吸引力的物流企业营销策略组合，能够撰写物流服务项目营销策略组合策划报告。

※ 素养目标

培养探求数字经济时代下开拓创新、求真务实的工匠精神，树立文化自信，养成诚实守信、公平竞争的职业操守。

 **引导案例**

极兔紧追全球跨境电商潮

当 2020 年 3 月极兔在我国起网时，谁都没有料到这个"外来的和尚"能在中国快递寡头竞争的铁幕中撞开一个口子。短短一两年时间，极兔就从 0 做到日均 2 000 万的单量，用 68 亿美元收购百世快递，估值一路上涨至 78 亿美元，仅次于顺丰、京东物流和中通。电商出海势必需要更加稳定的物流运输，极兔再次抓住机会，踩中风口。

2022 年 8 月 26 日，极兔国际正式推出了极兔旺宝，该业务主要为国内客户提供跨境轻小件寄递服务。为了让客户更好地接受极兔旺宝，极兔企业采取了以下营销策略组合：

1. 产品策略方面

发布新产品的同时，极兔国际同步举行了以"跨个境，交个朋友"为主题的 VIP 客户云上见面会。新推出的极兔旺宝主要聚焦于跨境物流的核心痛点——速度与性价比，针对欧美客户发货规模大、发货频率高、物流成本波动大等问题，从价格、时效、稳定性入手，为客户提供价格优惠、时效稳定的跨境轻小件寄递服务。在速度方面，从揽收到收货，极兔旺宝轨迹全程跟踪，7～15 个工作日空运速达。

2. 价格策略方面

极兔旺宝服务包裹单价最低至 5 美元，切实降低了卖家对成本的顾虑，有助于提升卖家的整体效益，为饰品、3C 产品及配件和小商品等商家提供最具性价比的服务。

3. 渠道策略方面

2022 年 1 月，极兔建立起全国性的自有配送网络和本地化的仓储系统；2 月，极兔正式进入拉丁美洲市场，与此同时，还在墨西哥建立了 12 个转运中心；之后，极兔马不停蹄地承接了英国、德国、阿联酋、沙特阿拉伯、墨西哥等国的小包专线业务。除此之外，极兔一直瞄准电商下沉市场霸主——拼多多。2022 年 9 月 1 日，拼多多推出跨境电商平台Temu，并再次与极兔合作，一起开拓跨境电商市场。

4. 促销策略方面

极兔和微信"线报惠寄件优惠券"展开了合作，用户只要关注微信"线报惠寄件优惠券"就能免费领取大量极兔快递优惠券。

问题：

1. 极兔的极兔旺宝营销策略组合主要包括哪些内容？

2. 什么是营销策略组合？

任务一　物流服务产品

一、物流服务产品的概念及开发

（一）物流服务产品的概念

物流服务产品是指物流企业为了满足客户的物流需求，在物流市场上提供的各种服务的总和。具体而言，物流服务产品包括运输、仓储、装卸搬运、包装、流通加工、配送和信息管理等。

物流服务产品的概念由三个层次组成，如图 4-1 所示。

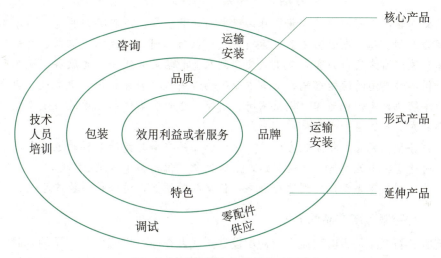

图 4-1　物流服务产品的概念层次

1. 核心产品层

核心产品层是为客户提供人或物的位移，是物流服务产品向客户提供的基本效用（地点效用），是产品的核心内容。

核心产品层代表客户购买物流服务产品所要得到的最基本利益，是物流服务产品生产过程中空间上的特定性要求。例如：不能用浙江到湖北的物流服务产品代替广东到南京的物流服务产品。但位移这一核心内容只是一个抽象的概念，它必须通过一定的具体形式表现出来才能出售给客户。

2. 形式产品层

形式产品层是可供客户选择的品牌、包装等，是核心产品层借以实现的具体形式，是物流企业为物流市场提供的实体和劳务形象。形式产品层的不同形式表现了物流服务产品在安全、便捷、经济、服务水平等质量特征方面的差异。客户主要依据这些质量特征购买物流服务产品。

3. 延伸产品层

延伸产品层是物流企业提供给客户的承运托付、货运状态查询、货物交付等各种服务和延伸服务。

不同物流服务产品及同种物流服务产品的不同物流服务产品系列所提供的核心产品层是完全一致的，但形式产品层和延伸产品层则是不同的，这也是客户选择不同的物流服务产品时主要考察、比较的部分。综上所述，三个层次构成了物流服务产品的整体。从中可以看出，物流服务产品整体概念中包括有形的和无形的、物质的和非物质的、核心的和延伸的等多方面的内容，它体现了以客户为中心的现代市场营销概念。通常物流企业提供给市场的不是单一的产品，而是产品组合。

 知识链接

万信义乌物流公司服务项目

万信义乌物流公司以诚信经营、真诚服务为发展理念，以服务用户为中心，不断创新模式，努力开创义乌到东莞物流多种运输方式。针对不同客户的物流需求，公司可为客户设计整体物流运输方案，为客户提供从义乌到东莞的物流专线一站式服务。义乌到东莞物流专线提供各种类型的运输车辆，拥有专业的物流团队，为客户规划更高效、更合理、更安全的运输解决方案，也为客户提供省时、省事、省心、省钱的优质运输服务。

义乌到东莞物流运输类型有以下三种：

（1）服务型：完善的物流服务体系，保证物品的安全与灵活多样的运输方式。

（2）时速型：当天发货，快速直达，准时到货，价格公平合理。

（3）普通型：覆盖面广，到达地点多，价格相对便宜，适合普通物流运送。

（二）物流服务新产品的开发

物流服务新产品是指由物流企业初次设计，或者在原有物流服务产品的基础上做出重大改进，使其在内容、服务方式、结构等方面更加科学、合理的物流服务产品。一般来说，物流服务产品结构中任何层次的更新和变革都会导致其在内容、质量、档次、品种、特色等方面与原有产品产生差异，这种为客户带来新的利益的产品，都可称为物流服务新产品。开发物流服务新产品有助于物流企业满足客户不断变化的消费需求、增强市场竞争力，从而更好地生存和发展。

所有的物流企业都必须始终保持对发展趋势变化的敏感，并随时尝试新产品的开发。物流企业可以通过两种方式得到新产品：一种是通过购买整家公司、购买专利或获得使用他人产品的许可证。随着开发和介绍新产品的成本不断攀升，许多企业宁愿并购现有品牌，也不愿去开发新的品牌。另一种是企业可以通过设立研发部来开发新产品。这里的新产品包括新发明的产品、改良的产品、调整的产品以及新的品牌等，均系企业通过自己的努力而获得的产品。新产品的开发步骤如图 4-2 所示。

1. 创意形成

新产品开发始于创意形成，即系统地捕捉新的创意。物流企业应在确定新产品开发目标和要求的基础上，广泛、全面地收集各种创意。寻找创意的过程应当系统化，而不应该

图 4-2　新产品的开发步骤

过于随便；否则，企业就要在寻找创意的过程中冒风险，因为有些想法可能与企业的业务类型不协调。创意主要来源于内部资源、客户、竞争者、物流中间商等。

2. 创意筛选

通过集思广益，物流企业能获得许多有关新产品的创意。物流企业要对这些创意进行分析、筛选，研究各种创意的可行性，剔除那些不可行的创意，找出真正有价值的创意。

筛选时一般从以下两个方面考虑：一是该创意是否与物流企业的战略目标相适应；二是物流企业有无开发这种创意的能力，包括管理能力、资金、技术等。

3. 概念发展与测试

经过筛选后，保留下来的创意会进一步发展为产品概念。产品概念是指物流企业从客户的角度对产品创意做出的详尽描述。描述内容主要包括物流新产品的名称、价格、特色、给客户带来的利益等，让客户能一目了然地识别出新产品的特征。

4. 营销策略制定

营销策略制定，就是为把产品引进市场而设计的初步的营销策略。营销策略报告书包含三个部分。第一部分，描述目标市场、既定产品的市场定位，以及几年内要达到的营业额、市场份额和利润额目标。第二部分，概述产品第一年的计划价格、分销渠道和营销预算。利用统计软件建立起十分复杂的模型，这些模型能提供定价信息，并依据这些价格测算出预期市场份额。第三部分，描述长期的预期营业额、盈利目标和相应的营销组合策略。

5. 产品开发

经过商业分析，如果新产品有开发价值，则可以把产品概念转变成现实的物流服务产品。在产品开发过程中，物流企业应邀请各方面的专家和客户对物流服务产品进行测试、鉴定，并请他们提出意见，以便改进产品。

6. 产品试销

产品试销是指将开发的新产品投放到有代表性的地区进行试销，以便收集相关信息，了解客户的反应。试销可以起到以下作用：一是使物流企业对其新产品有更进一步的了解，发现新产品存在的问题，以便在新产品全面上市前加以改进；二是有助于物流企业制定正确的营销策略，以便顺利地将新产品推向市场。

7. 正式上市

经试销成功的新产品，即可投入市场。在这一阶段，物流企业需要做出以下决策：

（1）新产品上市的时间。即物流企业在什么时候将新产品投入市场。如果新产品存在有待改进的地方，应在改进后再投入市场；如果竞争者也将推出类似新产品，则应根据自身情况选择抢先进入、同时进入或滞后进入这三种方式。

（2）新产品上市的地点。一般来说，小型物流企业可先在一个中心城市推出新产品，在取得一定的市场地位后再将新产品推广到其他地方；大型物流企业可以先在某个地区（如东北、华南等）推出新产品，然后逐步推广。

（3）新产品的目标客户。物流企业推出新产品时，应针对最佳的潜在客户制订营销方案。这样做的目的是利用最佳的潜在客户带动一般客户，以最快的速度、最低的成本占领更大的市场。最佳的潜在客户应具备以下特征：1）愿意最早使用新产品；2）对新产品持肯定和赞赏态度；3）能为新产品做正面的宣传；4）对周围的客户有较大影响。

视频：产品
生命周期

二、物流服务产品生命周期策略

物流服务产品生命周期是指物流服务产品从进入市场开始，直到最终退出市场所经历的市场生命循环过程。任何产品在市场营销过程中，都要经历从发生、发展到被淘汰的过程，就像任何生物都有出生、成长到衰亡的生命过程一样。

典型的物流服务产品生命周期一般分为四个阶段：投入期、成长期、成熟期和衰退期，如图4-3所示。

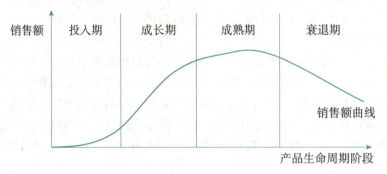

图4-3　物流服务产品生命周期

物流服务产品生命周期反映了物流服务产品从投入市场到被市场淘汰的整个过程，以及在整个过程的不同阶段所呈现的特点，如表4-1所示。物流企业应根据物流服务产品生命周期不同阶段的特点采用不同的营销策略。

表4-1　物流服务产品生命周期各阶段的特点

项目	阶段			
	投入期	成长期	成熟期	衰退期
销售额	低	迅速上升	达到顶峰	迅速下降
利润	无	一般	高	低
购买者	追求新奇者	较多	大众	较少
竞争者	少	逐渐增加	相对稳定	减少
营销目标	建立知名度，争取让客户试用	提高知名度和市场占有率	保持市场占有率，争取利润最大化	退出市场，产品更新换代

（一）投入期

根据投入期的产品特点，物流企业应把握好进入市场的时机，设法把销售力量直接投向潜在客户，使市场尽快接受该产品。可采用的具体策略如下：

（1）加强对物流服务产品的宣传，使其能快速进入市场，被客户接受。

（2）确定合理的价格，通常可采用高价和低价两种策略。高价策略能够使产品树立高档形象，扩大产品的知名度，也能让物流企业快速收回成本；低价策略有助于产品迅速占领市场，而且低价格会压低利润，使得潜在竞争者数量减少。

（3）加强营销渠道建设，选择合适的中间商，制定有吸引力的中间商策略，激励中间商协助推广产品。

（4）利用物流企业已有的声誉或品牌知名度，促进产品的销售。

（二）成长期

成长期的营销目标是提高产品知名度和市场占有率，尽可能延长产品的成长期，使物流企业获取最大利润的时间得以延长。可采用的具体策略如下：

（1）提高物流服务产品质量，同时要根据客户的需求进一步改进物流服务产品，增加物流服务产品的种类，以吸引更多的客户。

（2）在销售量不断增加、成本不断下降的基础上，选择适当时机采用降价策略，以防止竞争者进入，同时激发对价格敏感的客户的购买欲望，以争取更多客户。若物流服务产品前期价格较低，此时可适当提高价格，以提升产品形象。

（3）在维持原有市场的基础上，通过市场细分，找到新的尚未被满足的细分市场，并迅速进入这一新市场。

（4）将促销的重点从介绍物流服务产品转向树立物流服务产品形象、创立品牌，以增强客户对物流企业和物流服务产品的信任感。

（三）成熟期

成熟期的营销重点是保持市场占有率，防止与抵抗竞争者的"进攻"，争取利润最大化。可采用的具体策略如下：

（1）拓展市场。主要通过三种方式实现：一是开辟新的细分市场，寻找新的客户；二是刺激现有客户，提高产品销售量；三是对物流服务产品进行重新定位，树立新形象。

（2）改良物流服务产品。物流企业应提高物流服务产品的质量，增设尽可能多的服务项目，让客户满意；加强新产品开发，不断适应市场需求，吸引更多的客户。

（3）改变营销组合策略。物流企业可以通过改变定价、营销渠道和促销方式来延长物流服务产品的成熟期。营销策略是对营销因素组合的巧妙运用，可以通过改变一个或几个因素的搭配关系来刺激客户的购买欲望。

 想一想： 为什么说处于成熟期的产品利润最高？

（四）衰退期

当物流服务产品进入衰退期时，物流企业的营销重点是有计划地退出市场。通常有以下几种策略可供选择：

（1）转移策略。这种策略一般有两种方式：1）立即转移，即物流企业立即将资源转向新的经营项目；2）逐步转移，即物流企业尽早开发出新产品，有序地完成新老产品的更替。

（2）继续策略。物流企业继续生产衰退期产品，利用其他竞争者退出市场的机会，通过提高服务质量、降低价格等方法来维持销售，直到这种产品完全退出市场。

（3）集中策略。物流企业把人力、物力、财力等资源集中到最有利的细分市场和营销渠道上，以获取尽可能多的利润。

（4）收缩策略。物流企业压缩销售费用，精简推销人员，停止广告宣传，降价处理产品，以保持一定的利润。这样可能导致产品在市场上加速衰退，但物流企业仍可以从忠实的客户处获得利润。

三、物流服务产品组合策略

为了在激烈的市场竞争中获利，企业推向市场的往往不是单一的产品，而是产品组合。物流服务产品组合是指物流企业提供的全部产品线和产品项目的组合或搭配，即物流企业的业务经营范围。

 知识链接

物流综合体

物流综合体集城市中的物流、仓储、配送、商务办公、展示、居住等功能于一体，使其相互之间产生一种联系与依存的关系，是一个复合型的综合体。物流综合体的功能强调物流效应，这正是它与城市综合体的功能中强调商贸与居住的最大区别。

物流服务产品组合策略是指物流企业针对目标市场，对物流服务产品组合的宽度、深度等进行选择和决策，以使产品组合达到最优化的策略。物流服务产品组合的宽度是指物流企业所拥有的产品线的数量；物流服务产品组合的深度则是指每条产品线中不同等级、规格的产品数量。具体来讲，物流服务产品组合策略主要有以下几种。

（一）扩大产品组合策略

1. 扩大产品组合策略的方式

（1）扩大产品组合的宽度，即增加产品线，拓展物流企业的经营范围。

（2）扩大产品组合的深度，即增加产品项目的品种。

2. 扩大产品组合策略的优点

（1）能适应客户多方面的需求，从而增加销售量，提高物流企业的市场占有率。

（2）可以综合利用物流企业的资源补充产品项目的空白，形成产品系列，以填补市场空缺或防止新的竞争者进入。

（3）充分利用企业信誉与商标知名度，完善产品系列，扩大经营规模。

（二）缩小产品组合策略

1. 缩小产品组合策略的方式

（1）缩小产品组合的宽度，即减少产品线。

（2）缩小产品组合的深度，即减少产品项目的品种。当市场不景气或资源供应紧张时，物流企业应淘汰或放弃处于衰退期的产品和盈利能力差的产品，避免更大的损失。

2. 缩小产品组合策略的优点

缩小产品组合策略可以使物流企业集中精力改进少数产品的品质，从而提高物流服务产品的质量。当然，采用此策略也意味着物流企业放弃了部分市场，可能会增加企业风险。

（三）完善产品组合策略

1. 完善产品组合策略的方式

（1）向上延伸，即在原有中、低档产品的基础上增加高档产品，以提升物流企业的形象和产品的市场地位，增加利润。

（2）向下延伸，即在原有高档产品的基础上，推出中、低档产品，以占领更多的市场份额，为更多的客户服务。

（3）双向延伸，即在原有中档产品的基础上，增加高、低档产品，以完善产品结构、扩大市场范围。

2. 完善产品组合策略的优点

实行向上延伸的生产经营可以为企业带来丰厚的利润，可以提高企业现有产品声誉，提高企业产品的市场地位，有利于带动企业生产技术水平和管理水平的提高。

实行向下延伸是借高档名牌产品的声誉，吸引消费水平较低的客户慕名购买该产品线中的低档廉价产品；充分利用企业现有生产能力，补充产品项目空白，形成产品系列；增加销售额，扩大市场占有率。

四、物流服务产品包装策略

物流服务产品包装策略是指物流企业根据需要制订和实施的包括包装设计、包装形式、包装手段在内的一整套包装方案。常见的物流服务产品包装策略有以下几种。

（一）类似包装策略

类似包装策略是指物流企业对不同货物在包装上采用相同的图案、近似的色彩及其他共同的特征，使客户极易联想到提供物流服务的是同一家物流企业的包装策略。例如：顺丰速运的四种常规包装（见图4-4）都采用了类似的图案和色彩。

采用类似包装策略，能够让客户感知到物流服务产品附带的文化内涵，从而给客户留下深刻的印象，提高物流服务产品的形象。此外，采用类似包装策略，还可以节约包装设计费用。

（二）分类包装策略

分类包装策略是指物流企业根据客户的不同需求和购买力水平，对不同档次、不同等级的货物采用不同的包装，使包装的风格与货物的质量和价值相称。也就是说，对高档货

纸箱   文件封

包装胶袋   编织材料

图 4 - 4　顺丰速运的四种常规包装

物采用精细包装，对一般货物采用普通包装。采用这种策略，能更好地满足客户的不同需求，但包装设计成本较高。

（三）改变包装策略

改变包装策略即改变和放弃原有包装，改用新包装。由于包装技术、包装材料不断更新，客户偏好不断变化，物流企业需要采用新包装，以弥补原包装的不足。物流企业在改变包装的同时必须做好宣传工作，以免客户产生误解。

五、物流服务产品品牌策略

物流服务产品品牌策略是增强物流企业竞争力的重要策略之一，主要有以下几种。

（一）统一品牌策略

统一品牌策略是指物流企业的所有物流服务产品都使用同一品牌。这种策略的优点包括：（1）可以节约成本，尤其在新产品上市时能够降低新产品的宣传费用，使新产品顺利进入市场；（2）有助于物流企业创建名牌，物流企业集中宣传一种物流服务产品，更容易提高品牌知名度。

其缺点有：（1）若某种产品出现问题，可能导致其他产品受牵连，甚至影响整个物流企业的信誉；（2）客户难以区分产品的质量和档次。

统一品牌策略适用于以下情况：（1）品牌知名度较高；（2）各产品线在质量和形象方面具有较强的一致性。

（二）个别品牌策略

个别品牌策略是指物流企业的各种不同物流服务产品分别使用不同的品牌。物流企业采用个别品牌策略的原因是：（1）物流企业提供许多不同类型的产品，如果使用同一个品牌，这些不同类型的产品就容易混淆；（2）物流企业虽然提供同一类型的产品，但是为了区别不同质量水平的产品，也会使用不同的品牌，如菜鸟网络拥有菜鸟驿站和菜鸟裹裹等品牌（见图 4-5），不同品牌代表不同的产品。

图 4-5 菜鸟网络的不同品牌

（三）多品牌策略

多品牌策略是指物流企业的同类物流服务产品使用两个或两个以上互相竞争的品牌。例如：美团配送拥有美团众包和美团专送两个品牌。该策略的优点是：（1）有利于提高产品的市场占有率，扩大企业的知名度；（2）有利于激发各品牌在物流企业内部相互促进、共同提高。该策略的缺点是：可能导致品牌之间的竞争，使物流企业的总体销售量无法提高。

同步实训

一、物流服务产品生命周期策略

实训形式：

案例分析。

实训内容：

查阅相关资料，通过对资料进行讨论，完成资料分析与发言提纲，并列举某物流企业在发展过程中，是如何运用产品生命周期策略的。思考你身边的物流企业都采用了哪些产品生命周期策略？并说说采用该产品生命周期策略对物流企业的影响。各小组成员通过分析记录、积极讨论，完成实训内容发言提纲。要求语言流畅，文字简练，条理清晰。

实训步骤：

（1）实训前准备。要求参加实训的同学在课前认真阅读教材，查阅相关书籍，掌握物流服务产品生命周期的内容。

（2）5～6人为一个小组，以小组为单位进行案例资料的阅读。

（3）阅读案例，讨论问题，将小组成员的观点进行记录：极兔速递的物流产品处于哪一生命周期？极兔速递在这一时期运用了怎样的策略？

（4）各小组选出一名代表发言，对小组讨论分析结果进行总结。

（5）对小组成员的各种观点进行分析、归纳和要点提炼，并完成案例分析发言提纲。

案例：

正如其名，极兔犹如兔子一样跑得飞快。2015年8月，李杰带领团队在印度尼西亚雅加达成立了快递公司极兔速递（J&T Express）。

据悉，J&T Express创建初衷本是解决OPPO手机在东南亚地区的运输问题，但谁也不曾料到，J&T Express却借助OPPO、vivo遍布印度尼西亚的关系网络走上了发展快车道。自2015年8月后的短短两年时间，J&T Express成为东南亚市场单量第二、印度尼西亚快递行业单日票量第一的公司。在海外尝到甜头，J&T Express将目光放到了国内，杀入国内市场。

与海外背靠OPPO、vivo强大经销网络不同的是，归国后的极兔，借势的是与其一样处于飞跃式发展的拼多多。2020年3月，极兔速递开始在国内分批起网，当年4月，极兔表示已经接入拼多多、当当网、苏宁、有赞等11家电商平台。有市场消息称，极兔90%以上的单量来自拼多多。而在2020年，拼多多全年订单数达383亿笔，日均包裹数超过7 000万个。

二、物流服务产品品牌策略

实训形式：

案例分析。

实训内容：

选择某一物流企业的服务项目进行调研，了解该企业在物流服务产品品牌建设方面的具体做法，并分析该企业的品牌策略运用得是否得当。

实训步骤：

（1）实训前准备。要求参加实训的同学，围绕物流服务产品策略的内容，准备调研提纲。

（2）5～6 人为一个小组，以小组为单位选择一家物流企业，通过查阅资料、实地调研等方式，了解该企业有哪些物流服务产品，分析这些物流服务产品分别处于生命周期的哪个阶段，以及该物流企业采用了什么样的品牌策略和包装策略，并提出有针对性的建议。

（3）根据申通快递的品牌发展故事，思考其标识由哪些部分组成，品牌对物流企业的作用是什么。

（4）将实训结果制作成 PPT，小组长代表本小组在课堂上进行分享。

案例：

每个企业都有许多自己独特的故事，每个故事中或许都会有一个与 LOGO 相关的篇章。企业 LOGO 随着企业的成长也在不断演变，今天让我们通过申通快递 LOGO 的变化（见图 4-6）来领略申通快递的成长故事！

图 4-6　申通快递 LOGO 的变化

这个只有两色的 LOGO，便是申通快递最早的 LOGO，今天或许只有那些申通快递的创业者和申通创业故事的参与者还能依稀记得它。

经历了十年风风雨雨，一直在摸爬滚打中探索"快递"这条路的申通人，开始有精力去思考"企业的灵魂"该如何去建立和维护，于是申通人的第一份报纸《申通人报》创刊，开启了申通的企业文化建设之路。

2006 年，经过 10 多年发展，申通快递已经在全国中心城市布局，网络覆盖面逐步扩大。这段时间，申通快递网络开始逐步采用"彩色"LOGO，LOGO 整体样式也与之前有了明显的变化。"STO"不仅代表申通快递的缩写，还传递着通达四方之意。下面渐变色并逐渐扩大的"箭头"代表着申通快递从小到大、从弱到强，产品和服务更加个性化、多样化，服务遍及华夏的含义。

2007 年，申通快递网络化进程进一步完善。这次的 LOGO 变化是在原有的渐变色 LOGO 基础上对整个 LOGO 的线条和比例进行了完善和明确。"STO"的颜色由深红色变为橘红色，彰显企业的活力和朝气，整体更加饱满。渐变色的箭头变为了橘黄色，寓意申通快递经历无数风雨，开始立足市场一步一个脚印，稳扎稳打，为更多的客户提供更加优质的快递服务。

2014 年，申通全新 LOGO 正式上线，新的 LOGO 在保留"STO"的基础上，从色调、样式到组合都有了新的突破，这也彰显了申通快递国际化的趋势。2014 年，走过 20 年风雨的申通快递继续前进，为实现所有申通人的梦想而努力，走出国门，走向世界，让世界记住中国有个民营快递企业，名字叫"申通快递"。

实训评价：

任务实训评价表如表 4-2 所示。

表 4-2　任务实训评价表

评价项目	评价标准	分值	教师评价（70%）	小组互评（30%）	得分
知识运用	掌握物流服务产品的概念，掌握产品生命周期的概念及各阶段的特点，掌握物流服务产品品牌策略和包装策略	35			
技能掌握	对物流服务产品生命周期阶段、品牌策略和包装策略的分析合理、准确，提出的建议具有可行性	35			
成果展示	PPT 制作精美，观点阐述清晰	20			
团队表现	团队分工明确、沟通顺畅、合作良好	10			
合计					

任务二　物流服务产品定价

一、物流服务产品定价程序

物流服务产品定价程序，就是根据物流企业的营销目标，产品确定适当的定价目标，综合考虑各种定价因素，选择适当的定价方法，具体确定企业服务产品价格的过程。

（一）选择定价目标

物流企业的定价目标首先要从企业的营销目标出发，对物流市场物流服务的供求状况、竞争状况，以及定价策略和市场营销的其他因素综合考虑加以确定。

（二）估算市场需求量

一般情况下，对于原物流服务的需求量的估算较容易，可以根据以往需求情况进行推测，但对于新物流服务则很难准确地估算，需要请专家从多个角度进行验证。

（三）分析竞争者的服务特点和市场份额

只要分析竞争者的物流服务存在的优势和劣势及已经占据的市场份额，就能够判断自己的物流服务所处的相对位置、具有的竞争优势，摸清市场给自己留下的空间。

（四）测定需求弹性

测定需求弹性，包括测定需求价格弹性、需求交叉弹性和需求收入弹性。物流服务的需求受到该服务的价格、其他相关服务的价格，以及物流不同客户收益水平等因素的影响。找出该种影响程度与趋势，就可以制定相应的市场营销策略。

（五）估算物流成本

物流企业服务产品的成本费用是制定物流服务产品价格的最低限度。估算出自己的物流成本，也就找到了定价的底线。

 知识链接

产品成本

对于物流企业来说，产品的成本可分为三种，即固定成本、变动成本和机会成本。

1. 固定成本

固定成本是指不随产出而变化的成本，在一定时期内表现为固定的量，就物流企业来说，则为物流设施、维修成本、各种折旧和管理人员的工资等。

2. 变动成本

变动成本是指随着服务产品的变化而变化的成本，如燃料费、搬运费、投递费等。

3. 机会成本

机会成本是指客户接受物流服务的损益，既同客户的需求有关，也同服务产品价值提供和客户的认知水平有关。

（六）了解国家物价规制

物流企业了解和执行国家有关物价的政策法规，不仅可以明确定价的指导思想，使其为企业服务，而且可以避免不必要的损失。

（七）分析竞争者的价格

分析竞争者的价格，判断对手定价的理由、价格的高低、定价的方法和策略，为自己的定价树立参照系。

 想一想：影响物流产品定价的因素有哪些？

二、物流服务产品定价方法

在选择定价方法时，物流企业往往要考虑物流成本、市场需求和竞争形势等因素。常用的定价方法有成本导向定价法、需求导向定价法和竞争导向定价法等。

（一）成本导向定价法

成本导向定价法是指物流企业以物流服务成本为定价基础的定价方法，主要包括以下几种形式。

1. 成本加成定价法

成本加成定价法是指在单位物流服务产品成本的基础上，加上一定比例的预期利润额作为物流服务产品的价格。其计算公式为：

物流服务产品价格＝单位成本×（1＋预期利润率）

成本加成定价法的优点是计算简单、简便易行，缺点是忽略了市场竞争和供求状况的影响，缺乏灵活性，难以适应市场竞争的变化形势。尤其是物流企业在确定预期利润额时只从企业角度考虑，不仅难以准确得知该物流服务产品的市场销售量，而且难以确保固定成本分摊的合理性。

 知识链接

计算单位产品成本

某物流服务供应商的生产成本和预期利润率如下：

可变成本 20 元；

固定成本 60 000 元；

销售量 10 000 个；

预期利润率为 25％；

可见，物流服务供应商的单位成本 C＝60 000/10 000＋20＝26（元）

物流服务价格 $P=C\times(1+R)=26\times(1+25\%)=32.5$（元）

2. 盈亏平衡定价法

盈亏平衡定价法又称"收支平衡定价法"，是指物流企业根据物流服务产品的成本和预计销售量计算出物流服务产品的价格，使得物流企业盈亏平衡、收支相抵的定价方法。其计算公式为：

$$物流服务产品价格=\frac{固定成本}{盈亏平衡点销量}+单位变动成本$$

根据盈亏平衡定价法确定的物流服务产品价格，是物流企业的保本价格。低于此价格，物流企业会亏损；高于此价格，物流企业则会盈利。实际售价高出保本价格越多，物流企业盈利就越多。因此，盈亏平衡定价法是物流企业常用的比较和选择各种定价方案的依据。

 知识链接

计算单位产品价格

某物流企业3月计划周转量为8 000千吨公里，变动成本为300 000元，固定成本为180 000元，目标利润100 000元，单位运价应为多少？

单位产品价格＝（固定成本＋可变成本＋目标利润）/预计销量

＝（300 000＋180 000＋100 000）/8 000＝72.5（元/千吨公里）

3. 目标利润定价法

目标利润定价法是指在保证目标利润的前提下确定物流服务产品价格的方法。采用这种方法时，首先应明确所要实现的目标利润，然后预测销售量，最后确定物流服务产品价格。其计算公式为：

$$物流服务产品价格=\frac{固定成本＋目标利润}{预期销售量}+单位变动成本$$

目标利润定价法的优点是能保证物流企业实现既定的目标利润；缺点是只从物流企业的角度出发，忽略了竞争因素和市场需求情况。这种方法一般适用于市场占有率较高或物流服务产品具有垄断性的物流企业。

 知识链接

计算物流服务定价

某物流服务产品的单位变动成本为20元，固定成本为3 000元，预计销售量为300，物流企业想要获得20%的利润，则采用目标利润定价法为该物流服务产品定价的计算过程如下：

目标利润＝（3 000＋20×300）×20%＝1 800（元）

物流服务产品价格＝（3 000＋1 800）÷300＋20＝36（元）

4. 边际成本定价法

边际成本是指每增加或减少单位产品所引起的总成本的变化量。边际成本定价法是指物流企业在定价时只考虑变动成本，不考虑固定成本，而以预期的边际贡献适当补偿固定成本的方法。边际贡献是指预计的销售收入减去变动成本后的收益。边际成本定价法的计算公式为：

$$边际物流服务产品价格＝单位变动成本＋单位边际贡献$$

边际成本是在不考虑固定成本的情况下可以销售的最低价格，因此只要价格等于或高于单位边际成本，就能保证物流企业维持再生产。采用边际成本定价法有利于物流企业在激烈的市场竞争中增强竞争力。但是如果长期以边际成本定价，固定成本长期得不到补偿，必然会危及企业的经营。该方法适合物流企业在生产能力过剩、市场供过于求等情况下使用。

当边际贡献等于固定成本时，物流企业可以保本；当边际贡献大于固定成本时，物流企业可以盈利；当边际贡献小于固定成本时，物流企业会亏损。

 知识链接

边际物流服务价格

某物流企业的长途专线一年可发车 2 000 台次，已知固定成本为 210 万元，变动成本为 820 万元，该企业预计边际贡献为 260 万元，则采用边际成本定价法为该物流服务产品定价的计算过程如下：

$$边际物流服务产品价格＝(8\ 200\ 000＋2\ 600\ 000)÷2\ 000＝5\ 400（元）$$

（二）需求导向定价法

需求导向定价法是指物流企业依据客户对物流服务价值的理解和需求程度，来确定物流服务产品价格的定价方法。该方法具体可分为以下几种。

1. 理解价值定价法

理解价值定价法是指根据客户对物流服务价值的理解来确定价格的方法。这里的价值指的是客户的感知价值，而不是物流服务的实际价值。采用理解价值定价法的关键是物流企业对客户愿意承担的价格要有正确的估计和判断。

物流企业采用这种定价方法时，要研究物流服务在不同客户心目中的价格水平，这就需要进行市场调研。同时，物流企业也要积极地采取各种营销手段对客户施加影响，使客户对物流服务价值的理解与物流企业保持一致，以便争取定价的主动权。

2. 需求差异定价法

需求差异定价法是指物流企业针对不同的客户，或在不同的时间、地点，对同一物流服务确定不同价格的定价方法。采用这种方法时，价格差异并非取决于成本的高低，而是取决于客户需求的差异。

采用需求差异定价法应具备以下条件：（1）对市场进行合理细分，且细分市场的需求差异较为明显；（2）高价市场中不能有低价竞争者；（3）价格差异适度，不会引起客户的反感等。

（三）竞争导向定价法

竞争导向定价法是指物流企业以竞争者的价格为依据，根据市场竞争状况来确定和调整价格的定价方法。这种方法具有在价格上排斥竞争者，提高市场占有率的优点。该方法具体可分为以下几种。

1. 率先定价法

率先定价法是指物流企业根据市场竞争状况，率先确定符合市场行情的价格，以吸引客户的定价方法。采用这种方法，能使物流企业在竞争激烈的市场中获得较大的利益，或使其居于主导地位。率先定价法适用于实力雄厚或物流服务富有特色的物流企业。

2. 随行就市定价法

随行就市定价法是指物流企业的物流服务产品的价格与市场上同类物流服务产品的价格保持一致的定价方法。采用这种方法，可以避免挑起价格战，降低市场风险；同时可以补偿平均成本，获得适度利润，且容易为客户所接受。这是一种较为流行的保守定价法，为中小型物流企业所青睐。

 知识链接

中远集团集装箱运输公司的价格策略

集装箱运输产品的需求是一种派生的需求，而且是有弹性的。由于市场竞争激烈，加上运输成本构成项目多，运输成本难以准确计算，但整个行业有工会组织、战略联盟合作的基础，因此中远集团集装箱运输公司实行的是随行就市定价方法。对于不同的市场，实行不同的运价定位，采取不同的价格策略。一般而言，客户不同，运价不同，对已签约的大客户实行优惠运价；季节不同，运价不同，对于未签约的客户，实行淡季低运价，旺季高运价。

3. 密封投标定价法

密封投标是指物流企业根据招标公告的规定，在同意招标人所提条件的前提下，对招标项目提出报价，招标人从众多投标人中选择报价最低、最有利的企业成交。

密封投标定价法是以竞争者定价的预测为基础的，而不是根据物流企业成本或市场需求来定价。物流企业的目的是中标，这就要求其报价必须低于竞争者。但是，定价水平与中标的可能性是两个反向作用的结果，即物流企业的竞报价格越低，中标的可能性越大；但报价太低，又会导致企业亏损。因此，物流企业必须准确分析报价与中标概率的关系，以确定最优报价。

 想一想： 物流企业可以采取哪些定价策略？

三、物流服务产品定价策略

（一）新服务产品定价策略

1. 撇脂定价策略

撇脂定价是指在物流服务产品生命周期的最初阶段，把具有新、奇、

视频：价格策略

特等特点的服务产品价格定得很高，以获取最大利润。

撇脂定价的条件是：（1）市场有足够的购买者，他们的需求缺乏弹性，即使把价格定得很高，市场需求也不会大量减少；（2）高价使需求减少，但不致抵消高价带来的利益；（3）在高价情况下，仍然独家经营，别无竞争者；（4）高价使人们产生这种服务是高档服务的印象。

2. 渗透定价策略

渗透定价是指企业把其创新服务产品的价格定得相对较低，以吸引大量客户，提高市场占有率。

渗透定价的条件是：（1）市场需求对价格极为敏感，低价会刺激市场需求迅速增长；（2）物流企业的生产成本和经营费用会随着生产经营经验的增加而下降；（3）低价不会引起实际和潜在的竞争。

3. 满意定价策略

满意定价策略是一种介于撇脂定价策略和渗透定价策略之间的价格策略。其所定价格比撇脂定价策略定的价格低，而比渗透定价策略定的价格高，是一种中间价。这种定价策略因能使生产者和消费者都比较满意而得名，因而它又被称为"君子价格"或"温和价格"。

（二）区域定价策略

物流企业不仅要为当地客户提供物流服务，而且要为外地客户提供物流服务。区域定价策略是指提供给不同区域的客户同种服务时分别制定不同的价格，因其服务产生的运输、仓储、保管费用都不同。区域定价策略有两种：

1. 统一交货价格

统一交货价格也称送货制价格，即物流企业的物流服务不分路途远近，统一制定同样的价格。

 知识链接

我国邮资定价

目前我国邮资采取统一交货定价，如平信邮资都是0.8元，而不论收发信人距离远近。

2. 分区运送价格

分区运送价格也称区域价格，指物流企业根据客户所在地区距离的远近，将服务覆盖的整个市场分成若干个区域，在每个区域内实行统一价格。

（三）折扣折让定价策略

物流企业为了争取客户，扩大销量，鼓励客户及早付清货款、大量购买、淡季购买，在基本价格的基础上直接或间接降低价格，就是折扣与折让。直接折扣的形式有数量折扣、季节折扣、功能折扣、回程和方向折扣。间接折扣的形式有津贴等。这里仅介绍直接折扣。

1. 数量折扣

按购买数量的多少分别给予不同的折扣。购买数量越多，折扣越大，以鼓励大量购买或集中向本企业购买。数量折扣包括累计数量折扣和一次性数量折扣两种形式。累计数量折扣规定客户在一定时间内，购买商品或服务若达到一定数量或金额，则按其总量给予一定折扣，以鼓励客户经常向本企业购买，成为可信赖的长期客户。一次性数量折扣规定一次购买某种商品或服务达到一定数量或购买多种服务达到一定金额，则给予折扣优惠，以鼓励客户大批量购买，促进商品或服务的多销和快销。

2. 季节折扣

季节折扣是指物流企业为鼓励客户在淡季购买物流服务而给予一定折扣的策略。采用此策略可以增加淡季物流服务的销售量，使物流企业保持全年经营的相对稳定性。例如：客户对冷链运输的需求在冬季和夏季不一样，物流企业在冬季时可以给予客户一定的折扣。

3. 功能折扣

中间商在服务分销过程中所处的环节不同，其承担的功能、责任和风险也不同，物流企业据此给予不同的折扣称为功能折扣。功能折扣的结果是形成购销差价和批零差价。

4. 回程和方向折扣

物流企业一般在回程运输时容易因货源不足而导致空载，为此，物流企业可以给予较高的回程折扣来吸引客户多使用返程运力。此外，物流企业的某些运输线路属于冷门线路，为了保证货源，物流企业可以采用方向折扣策略，在特定方向上对客户让利。

（四）心理定价策略

每件产品都能满足消费者某一方面的需求，其价值与消费者的心理感受有着很大的关系。这就为心理定价策略的运用提供了基础，使得企业在定价时可以利用消费者心理因素，有意识地将产品价格定得高些或低些，以满足消费者生理的和心理的、物质的和精神的等多方面需求。通过消费者对企业产品的偏爱或忠诚，扩大市场销售，获得最大效益。

心理定价策略的形式有以下几种：

1. 尾数定价策略

尾数定价也称零头定价或缺额定价，即给产品定一个零头数结尾的非整数价格。大多数消费者在购买产品时，尤其是购买一般的日用消费品时，乐于接受尾数价格，如0.99元、9.98元等。消费者会认为这种价格经过精确计算，购买不会吃亏，从而产生信任感。同时，价格虽离整数仅相差几分或几角钱，但给人一种低一位数的感觉，符合消费者求廉的心理愿望，这种策略通常适用于基本生活用品。

2. 整数定价策略

整数定价与尾数定价正好相反，企业有意将产品价格定为整数，以显示产品具有一定质量。整数定价多用于价格较贵的耐用品或礼品，以及消费者不太了解的产品。对于价格较高的高档产品，消费者对质量较为重视，往往把价格高低作为衡量产品质量的标准之一，容易产生"一分价钱一分货"的感觉，从而有利于销售。

3. 声望定价策略

声望定价即针对消费者"便宜无好货，价高质必优"的心理，对在消费者心目中享有一定声望、具有较高信誉的产品制定高价。不少高级名牌产品和稀缺产品，如豪华轿车、高档手表、名牌时装、名人字画、珠宝、古董等，在消费者心目中享有极高的声望价值。购买这些产品的人，往往不在乎产品价格，而最关心的是产品能否显示其身份和地位，价格越高，心理满足的程度也就越大。

4. 习惯定价策略

有些产品在长期的市场交换过程中已经形成了为消费者所适应的价格，成为习惯价格。企业对这类产品定价时要充分考虑消费者的习惯倾向，采用"习惯成自然"的定价策略。对消费者已经习惯了的价格，不宜轻易变动。降低价格会使消费者怀疑产品质量是否有问题。提高价格会使消费者产生不满情绪，导致购买转移。在不得不需要提价时，应采取改换包装或品牌等措施，减少消费者的抵触心理，并引导消费者逐步形成新的习惯价格。

5. 招徕定价策略

这是为适应消费者"求廉"的心理，将产品价格定得低于一般市价，个别的甚至低于成本以吸引客户、扩大销售的一种定价策略。采用这种策略，虽然几种低价产品不赚钱，甚至亏本，但以总的经济效益看，由于低价产品带动了其他产品的销售，企业还是有利可图的。

（五）差别定价策略

差别定价策略又叫区分需求定价法，是一种根据客户需求、产品、服务或地理位置的差异而采取不同价格的定价方法。这种定价策略主要适用于：建立基本需求，尤其是对高峰期的服务最为适用；降低服务易消失性的不利影响。差别定价策略的形式包括价格/时间差异、客户支付能力差异、服务产品的品种差异、地理位置差异。

同步实训

物流服务产品定价方法

实训形式：

案例分析。

实训内容：

通过对案例进行讨论分析，思考物流企业在定价过程中要考虑哪些因素，如何使价格定得合理。各小组成员积极讨论，发表个人观点，完成实训内容发言提纲。要求语言流畅，文字简练，条理清晰。

实训步骤：

（1）实训前准备。参加实训的同学课前应认真阅读教材，查阅相关书籍，掌握物流服务产品定价的方法。

（2）5~6 人为一个小组，以小组为单位进行案例资料的阅读。

（3）阅读以下三个案例，对以下问题进行分析和讨论，并对小组成员的各种观点进行记录：

1）丰巢为什么对超时存放的快递收取保管费？消费者为什么抵制丰巢快递柜收费？丰巢快递柜应该如何定价才能在保证利润的基础上消除消费者的不满？

2）M 物流企业在定价过程中采用了哪种定价策略？

3）H 企业是如何进行定价的？

（4）各小组选出一名代表发言，对小组讨论分析结果进行总结。

（5）对小组成员的观点进行分析、归纳和要点提炼，并完成案例分析发言提纲。

案例：

案例 1

2020 年 4 月 28 日，丰巢宣布，于 2020 年 4 月 30 日开始，对所有存放在丰巢快递柜中的超时存放快递收取保管费。对于普通消费者，丰巢可免费保管 12 小时，超时后每小时收取 0.5 元，3 元封顶。消费者也可以购买会员，月卡为每月 5 元，不限保管次数，每件快递可存放 7 天，虽然收费不高，却让不少消费者不满。

2020 年 5 月 7 日起，杭州东新园小区业委会和物业公司决定，暂停使用小区内的 17 个快递柜，东新园小区成为全国第一个抵制丰巢快递柜收费的小区。此后，全国多个小区纷纷抵制丰巢快递柜收费。

案例 2

M 物流企业准备在成都地区开展物流业务，主要为商超、餐饮企业等提供城市配送服务。在进入成都市场之前，M 物流企业对当地市场进行了详细的调研和分析。结果显示，目前成都市场上已有三家同类型的大型物流企业，它们几乎占据了 60% 的市场份额。此外，成都市场上类似物流服务的价格水平基本一致，客户也基本接受了这一价格水平。

M 物流企业还对自己的物流成本进行了分析，发现如果自己的定价低于目前的市场平均水平，利润将会变得很少，而且还会遭到其他企业的攻击；如果定价高于市场平均水平，则难以获得预期的利润和市场份额。同时，考虑到目前物流服务的同质化程度较高，该企业不想引起过度竞争，于是决定其物流服务产品的价格与目前市场上的平均价格水平保持一致。

案例 3

H 物流公司在某大城市对超市进行市内配送时，由于受到车辆进城作业的限制，转而寻求当地的搬家公司（M 公司）提供配送车辆支持。但是 M 公司开出的配送价格是半天（6 小时）或 200 千米以内为 200 元/车，大大超过了 H 物流公司可接受的 120 元/车的上限。H 公司经过仔细调查分析后发现，M 公司 90％的搬家作业均在上午进行，并在中午左右结束，这就意味着 M 公司大部分的车辆和人员在下午基本上处于空闲状态，其上午搬家作业的收益已经足够支持其成本的支出和期望得到的利润。而 H 公司的市内配送业务却基本在下午 2：00 以后进行，H 物流公司支付给 M 公司的费用除去少量的燃油费作为额外成本外，其余的都应该是 M 公司得到的额外利润。如果按每天下午一辆车行驶 200 千米计算，燃油费不应高于 50 元。从这个角度上看，H 物流公司的市内配送业务给 M 公司不仅带来了新增加的业务和实在的收益，而且使其资源的应用更加合理了。最后的结果是，经过 H 物流公司与 M 公司在价格和服务方面的仔细测算，双方达成了在 80～90 元/车价格成交的共识。

实训评价：

任务实训评价表如表 4－3 所示。

表 4－3　任务实训评价表

评价项目	评价标准	分值	教师评价（70％）	小组互评（30％）	得分
知识运用	掌握物流服务产品定价的方法，掌握物流服务产品定价策略	35			
技能掌握	能够准确判断不同定价策略及其优缺点	35			
成果展示	PPT 制作精美，观点阐述清晰	20			
团队表现	团队分工明确、沟通顺畅、合作良好	10			
合计					

任务三　物流服务产品分销渠道

一、物流服务产品分销渠道概述

（一）物流服务产品分销渠道的概念

物流服务产品在从物流企业向客户转移的过程中，会经历一系列中间环节。由这些中间环节连接起来所形成的通道，就是物流服务产品分销渠道。物流服务产品分销渠道的起点是物流企业，即能提供实质物流服务产品的生产者；终点是客户，即真正需要物流服务产品的消费者；中间环节是各种物流中间商，包括车站、码头、机场等站场组织，货运代理、航空代理、航务代理等货代企业，以及物流企业设立的代理点、揽货点等（见图4-7）。

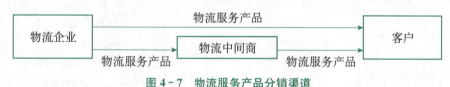

图4-7　物流服务产品分销渠道

（二）物流服务产品分销渠道的层次

物流服务产品分销渠道的层次通常包括零层渠道、一层渠道、二层渠道、三层渠道。其中，零层渠道没有中间机构，通常称为直接分销渠道。

一层渠道含有1个中间商，二层渠道含有2个中间商，三层渠道含有3个中间商，更高层次的物流产品分销渠道较少见。不同层次的分销渠道的基本框图如图4-8所示。

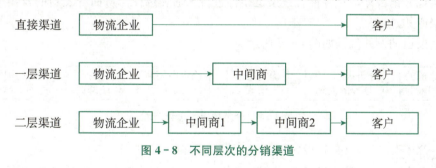

图4-8　不同层次的分销渠道

 知识链接

与分销渠道相关的概念

代理商：直接受物流企业或客户的委托从事物流服务产品购销代理。

业务的中间商：代理商只在物流企业与客户之间起媒介作用，通过提供服务产品来促成交易，并从中赚取佣金。

货运代理：指受货主委托代表货主办理有关货物报关、交接、仓储、调拨、检验、包装、转运和订船业务的人。

船务代理：指接受承运人的委托，代办与船舶有关的一切业务的人。

（三）物流服务产品分销渠道的作用与类型

物流服务产品分销渠道具有开拓市场、市场调查研究、服务项目推广、接触潜在客户、服务潜在客户、财务融通、转嫁风险、实体配送、招商引资等功能，具有层次少（物流服务产品的特点使得其销售一般以直销为主，营销渠道较短，大多数是零层渠道即直接分销渠道）、可控性强（由于分销层次少，物流企业可以直接控制营销）的特点。

物流服务产品分销渠道可以按照不同的标准分类，如表4-4所示。

表4-4　物流服务产品分销渠道分类

划分依据	类型	特点
有无中间商参与	直接渠道	无中间商
	间接渠道	有中间商
中间环节多寡	长渠道	中间环节多
	短渠道	中间环节少
中间商数目的多少	宽渠道	同时选择两个以上的同类中间商
	窄渠道	只选择一个中间商

二、设计分销渠道

每个物流企业都需要设计自己的分销渠道去销售物流服务产品。分销渠道设计是物流企业为实现分销目标，对各种备选渠道结构进行评估和选择，从而开发新的营销渠道或改进现有渠道的过程。

分销渠道的设计流程如图4-9所示。

图4-9　分销渠道的设计流程

视频：渠道设计

（一）设定渠道的目标和限制

渠道目标主要有两个层次：一是基本目标，即选择中间商、建立分销渠道要达到什么样的分销效果。好的分销效果一般包括渠道的销量大、成本低、信誉佳、覆盖率高、冲突低、合作好、物流企业对渠道的控制强。二是手段目标，即要建立什么样的分销渠道，这一渠道在实现基本目标的过程中能够发挥什么作用。

渠道限制即选择渠道时必须考虑的限制条件，如不与竞争对手共用渠道、渠道不超过某个区域范围等。

（二）分析影响渠道选择的因素

物流企业在设计营销渠道时，往往会受到各种因素的影响，这些因素主要包括以下几个方面。

1. 物流服务产品因素

物流服务产品因素是物流企业设计物流营销渠道时首先需要考虑的因素。物流服务产品的类型、档次等都会影响营销渠道的设计。例如：大众化的物流服务产品由于目标市场范围广，宜采用宽渠道、间接渠道；专业性强、档次高的物流服务产品，因其市场需求小、营销针对性强，宜采用窄渠道、直接渠道。

此外，物流服务产品所处生命周期阶段也会影响营销渠道的选择。一般来讲，物流服务产品处于投入期时，往往采用直接渠道；当物流服务产品进入成长期或成熟期时，可考虑采用间接渠道。对于生命周期较短的物流服务产品，应在投入期与成长期选择短而宽的营销渠道，利用较多的物流中间商迅速占领市场。

2. 物流企业自身因素

物流企业的资金实力、销售能力、管理能力等都会影响物流营销渠道的设计。

（1）资金实力。资金雄厚的物流企业，可以自己组织分销队伍进行销售，可采用直接渠道，也可采用间接渠道；而财力较弱的物流企业则只能依靠物流中间商进行销售，多采用间接渠道。

（2）销售能力。物流企业在销售力量、销售经验等方面具备较好的条件，可以采用直接渠道；反之，则必须借助物流中间商，采用间接渠道。

（3）管理能力。物流企业渠道管理能力的强弱会影响营销渠道的长度与宽度。如果物流企业能对物流中间商进行有效控制，则可采用较长、较宽的渠道；若无法有效地管理物流中间商，会影响物流服务的市场开拓，就应该采用较短、较窄的渠道。

3. 市场因素

物流市场复杂多变，对物流营销渠道的设计影响重大。物流市场因素主要包括目标市场的特点和竞争状况。

（1）目标市场的特点。目标市场的特点主要包括客户的购买习惯、目标市场的规模和地理分布等。若客户购买频率高、单次购买量少，物流企业应采用较宽的渠道。若目标市场规模很大、地理分布比较分散，应采用较宽、较长的渠道；若目标市场规模较小、地理分布比较集中，则应采用直接渠道或者短渠道。

（2）竞争状况。如果市场竞争不激烈，可采用与竞争者类似的营销渠道；如果市场竞争激烈，则应尽可能地采用与竞争者不同的营销渠道，以便能够在渠道建设上降低成本、扩大市场份额。

4. 中间商因素

物流中间商的销售能力、销售意愿、企业信誉、维护成本及其与物流企业经营目标的匹配程度等都会影响物流企业对营销渠道的设计。

5. 宏观环境因素

（1）经济形势。如果整个社会经济形势良好，物流企业对营销渠道的选择余地就较大；而如果经济不景气，市场需求下降，物流企业应尽量减少不必要的流通环节，采用较短的渠道。

（2）法律法规。各个国家的有关法律法规对营销渠道的设计也有重要影响。例如：《中华人民共和国反不正当竞争法》《中华人民共和国反垄断法》《中华人民共和国进出口税则》《中华人民共和国税法》等，都会影响营销渠道的设计。

（三）确定渠道模式

确定渠道模式的主要内容包括：是否采用中间商；决定分销渠道的长短和宽窄；决定采用固定渠道还是流动渠道。固定渠道能提供特定的服务场所，有固定的物流服务项目，适合于客源、货源的集结，被铁路、航空、水运等物流企业采用。流动渠道能随时提供各种灵活方便的服务，适合公路物流企业。

（四）确定中间商数目

中间商数目的确定需要考虑物流服务产品的特点、市场容量的大小和需求面的宽窄。物流企业在决定每一渠道层次使用中间商的数目时，可以有密集分销、选择分销、独家经销三种分销渠道策略。

密集分销即物流企业对经销商不加任何选择，经销网点越多越好，力求使物流服务能广泛地和消费者接触，方便消费者购买，适用于价格低廉、无差异性的物流服务产品或普遍使用的、小而标准的物流服务产品的销售。

选择分销即物流企业在特定的市场里，选择几家批发商或零售商销售特定的物流服务产品，如采取特约经销或代销的形式把经销关系固定下来。选择分销适用于一些选择性较强、专用性较强、技术服务要求较高的物流服务产品。

独家经销即物流企业在特定的市场区域内，仅选择一家批发商或代理商经销特定的物流服务产品。这种策略一般适用于新物流服务产品、名牌物流服务产品，以及有某种特殊性能或用途的物流服务产品。

（五）选择中间商

选择中间商需要在评估中间商的基础上进行。评估中间商主要考虑的因素包括中间商的市场范围、特长、实力和信誉、经营时间的长短及成长记录、营销能力和管理水平、对物流服务的熟悉程度和合适程度、地理位置、服务水平、运输和储存条件、预期合作程度、接受控制的意愿、要价等。当中间商是销售代理商时，还需评估其经销的其他服务大类的数量与性质、推销人员的素质与数量。

 **知识链接**

惠寻发力"多方共赢生态模式"

自有品牌，一般是指与制造商品牌相对应的处于分销渠道中间环节的中间商品牌。自有品牌商品一般只在自己拥有的渠道销售，因此，自有品牌又被称为私有品牌。在互联网环境下，如今电商自有品牌的发展早已超越了上述定义。无论是网易严选、小米优品还是京东京造，这些自有品牌强调的是品牌方亲自渗透到供应链的上游，缩短厂商与消费者之间的距离，以自身的品牌影响力为制造商或产品背书。

拥有互联网或电商基因的自有品牌们总会大胆尝试不同的模式和不同的做法。惠寻也不例外。惠寻在 2023 年进行了业务模式的创新，即"多方共赢生态模式"，为国内自有品牌行业探索提供了新的参考路径。

何为"多方共赢生态模式"？简单来说，即在品牌和工厂之间引入中间服务商，配套处理质检、物流、仓储、客服、售后等运营环节，通过"惠寻＋服务商＋工厂"的三方高效配合，综合实现产业降本增效与模式创新。

"多方共赢生态模式"也能进一步加快惠寻招商进度，激发工厂伙伴的合作热情与良性竞争，最终以更多样、更优质、更低价的产品供应满足消费需求。"相当于我们让渡了自己的一部分利润，让服务商通过他的电商运营、客服、履约等能力的输出，帮助更多工厂通过惠寻的品牌合作上线销售产品。"惠寻业务负责人如是说。

作为惠寻布局最深入的品类之一，惠寻的家具产品目前已成功孵化了多款低价爆品。其中，惠寻与赣州南康家具产业带的合作，也为惠寻家具品类的开拓提供了最佳的产业根据地，并为"多方共赢生态模式"的启动提供了试验田。

在近日举行的 2023 南康家具秋季订货会上，惠寻与江西省赣州市南康家具协会签署了战略合作协议。未来 3 年，惠寻计划签约至少 300 家南康家具工厂，助力南康产业带工厂实现渠道拓展和电商化转型。

（六）明确中间商的责、权、利

物流企业在选择了中间商并建立了合作关系后，需要明确物流企业与中间商彼此的责、权、利，主要包括价格政策（物流企业应给出价目表和折扣明细表）、销售条件（主要是付款条件，提早付款的中间商的优惠政策）、区域权利（中间商在多大范围内能够特许、独家代理）及广告宣传、人员培训、信息沟通、责任划分等方面的权责。

三、物流服务产品分销渠道管理

物流企业建立物流服务产品分销渠道后的重点是通过分销渠道管理实现分销的基本目标。分销渠道管理的内容包括以下几个方面。

（一）加强信息交流

物流企业应加强与中间商的沟通，定期联系、拜访中间商。通过持续的信息沟通实现：（1）加深私人之间、企业之间的感情；（2）增加对市场信息的了解；（3）促进中间商对物流企业营销政策、服务内容、企业文化的理解，减少分歧；（4）加强对中间商业务的指导，及时提供各种支持性服务；（5）加强对中间商的控制，增加中间商进入其他物流企业分销体系的难度。

（二）解决渠道冲突

分销渠道中渠道成员之间利益的暂时性矛盾称为渠道冲突。渠道冲突主要有以下两种：

1. 垂直渠道冲突

垂直渠道冲突是同一营销系统内，不同渠道层次的各企业之间的利益冲突。它表现为中间商因同时销售竞争者的同类服务而引发的冲突。由于物流企业的服务是无形的，物流企业的代理商可能同时代理几家同类物流企业的服务。对于这类冲突，物流企业应强化系统内的职能管理，增加渠道成员间的信任，加强信息的传递和反馈。

2. 水平渠道冲突

水平渠道冲突是同一营销系统内同一层次的各代理企业之间的冲突，又称为横向冲突。如果同一层次选择众多中间商分销，则可能造成中间商之间相互抢生意的情况发生。对于这种冲突，物流企业一般通过各种条令、规则来解决。

（三）激励渠道成员

促使中间商进入渠道的因素和条件已构成一部分激励因素，但还需不断地激励（监督、指导与鼓励）。激励方式一般有奖励、惩罚和分享部分管理权等方式，要注意尽量避免激励过分和激励不足两种情况。当物流企业给中间商的优惠条件超过它所取得业绩与努力水平所需的条件时，就会出现激励过分的情况。当企业给予中间商的条件过于苛刻，以至于不能激励中间商的努力时，则会出现激励不足的情况。激励不足时，可采取提高中间商可得的毛利率、放宽信用条件等措施，使之更有利于中间商。

（四）评估渠道成员

评估渠道成员即物流企业定期按一定的标准衡量渠道成员的表现，从渠道经济效益、对渠道的控制力等方面进行评估。评估内容有销售配额完成情况、平均存货水平、向客户交货时间、对损坏和遗失物品的处理，以及与本企业的合作情况等。

（五）渠道调整

当市场发生变化或中间商评估出现重大问题时，必须对整个渠道系统或部分渠道成员加以调整。物流企业分销渠道的调整可从三个方面进行：

1. 调整个别渠道成员

调整个别渠道成员，如剔除经营不善、效率低下的中间商，或者根据业务发展需要增加合适的中间商。

2. 调整某一分销渠道

调整某一分销渠道，如当发现某种物流服务的分销渠道不理想时，可以考虑在整个市场上或在某个区域市场上撤销分销渠道；或者为了将新开发的物流服务产品打入市场，开辟新的分销渠道。

3. 调整整个分销渠道

调整整个分销渠道，往往在物流市场发生某种重大变革时才会出现。这些决策不仅会改变渠道系统，而且将迫使物流企业改变其市场营销组合和市场营销政策，如以直接分销渠道取代原来的间接分销渠道。

同步实训

分销渠道情境模拟

实训形式:

情境模拟。

实训内容:

在授课教师的指导下,分组展开讨论分析,最后推选代表进行角色扮演,在课堂上模拟物流企业分销渠道营销过程。

实训情境模拟:

A物流公司召开中层以上管理人员会议,会议由总经理主持,经营副总经理做中心发言。

总经理的发言:同志们!我公司目前正面临一场严峻的挑战。半个月前,我公司附近又有一家新的物流公司开业了,抢夺了我们大量生意。这半年多来,本地区小物流公司越来越活跃,已成为我公司原有市场的"蚕食者"。这次会议主要研究应变对策,现在请公司主管经营的副总经理先谈谈意见。

副总经理发言:……(这一部分由同学们开始模拟设计)

实训步骤:

(1)精心准备分销渠道知识和相关资料。

(2)分角色进行情境模拟。要求:神态自然,角色扮演逼真,口齿清楚,语言流利。角色扮演定位得当,分析有一定深度和广度,所学知识运用自如,言之有理,逻辑性强。

(3)总结情境模拟的收获,分析存在的问题。

实训评价:

项目实训评价表如表4-5所示。

表4-5 项目实训评价表

评价项目	评价标准	分值	教师评价(70%)	小组互评(30%)	得分
知识运用	掌握物流企业营销渠道的概念,掌握物流企业营销渠道设计和管理的内容	35			
技能掌握	对物流企业营销渠道的分析合理、准确,提出的建议具有可行性	35			
成果展示	PPT制作精美,观点阐述清晰	20			
团队表现	团队分工明确、沟通顺畅、合作良好	10			
合计					

任务四　物流服务产品促销

一、物流服务产品促销及促销策略的含义

促销指企业通过人员和非人员的方式，沟通企业与消费者之间的信息，引发、刺激消费者的消费欲望和兴趣，使其产生购买行为的活动。

促销的实质是企业与消费者之间的信息沟通，促销的目的是引发、刺激消费者的购买行为，促销的方式有人员促销和非人员促销两种。非人员促销又包括广告宣传、公共关系促销和营业推广三种。

物流服务产品促销策略是指物流企业通过人员推销、广告促销、营业推广和公共关系促销等方式，向客户传递物流服务信息，以引起他们的注意和兴趣，激发他们的购买欲望，使其产生购买行为，以达到扩大销售的目的。

物流企业只有不断创新营销理念和优化营销活动，以客户为核心，以物流资源链为服务手段，以市场占有率和建立客户忠诚度为导向，开展针对性的促销策略，注重客户的保有与开发，实现客户的系列化、个性化物流服务，注重客户关系的维护，提高物流服务质量，根据客户的行为来预测客户对物流服务产品的需求，并为其设计物流服务产品，建立长期的、双赢的客户关系和良好的促销策略，才能使物流企业获得长期的、稳定的客户，增强物流企业的市场竞争力。

视频：物流企业的
促销组合

二、人员推销

（一）人员推销的概念

人员推销是指物流企业派出推销人员直接与客户接触、洽谈、宣传产品，以达到促进销售目的的活动过程。人员推销既是一种渠道方式，也是一种促销方式。

人员推销的任务是寻找客户、传递信息、推销自己、推销物流企业和物流服务产品、收集信息和提供服务。人员推销具有沟通的双向性、促销方式的灵活性、沟通对象的选择性和针对性、沟通过程的情感性、推销人员角色的双重性（既是推销人员也是市场调查员）、服务过程的完整性（推销人员的工作从寻找客户开始，到接触、洽谈、达成交易、参与并监督服务过程、了解客户使用后的反应）等特征。

（二）人员推销的流程

人员推销的流程如图 4-10 所示。

1. 寻找潜在客户

寻找潜在客户即寻找对物流服务有需求或有购买欲望的个人、企业、团体。方法包括调查访问、电话或电子邮件征询消费意愿、上专业网站查找、查看黄页、通过社区帮助、

图 4 - 10 人员推销流程

获得政府部门或行业协会统计资料、举行服务推介会、参加专业展会或会议、举行技术研讨会等。

2. 拜访前的准备

拜访前的准备主要包括：准备自己（包括服饰、举止、表情、心态等）、准备服务（熟悉自己推销的物流服务，准备详细的文字、图片、视频资料）、准备企业（熟悉企业的历史、文化、服务等）、准备市场（熟悉物流市场、市场细分、竞争对手、市场容量、客户的地理分布、市场需求特点等）、准备客户（了解客户的背景、需要、购买动机、实力与信用等）。

3. 拜访客户

拜访客户包括拟订访问计划（拜访谁、为什么拜访、拜访时推销什么、什么时间拜访、在什么地点拜访、用什么方式拜访等）、约见客户、接近客户、演示洽谈、处理异议。

4. 成交签约

推销活动的目的就是促成交易，签署协议。推销人员应在推销过程中，抓住客户通过表情、体态、语言及行为等表现出来的各种成交意向，促成交易。

5. 售后服务

签约并不意味着交易的结束，推销人员应善始善终，跟踪服务，保证服务质量，及时解决服务问题，促使客户重复购买。

(三) 人员推销的策略

在物流企业人员推销活动中，一般可以采用以下三种策略。

1. 试探性策略

试探性策略也称为"刺激-反应"策略，即在不了解客户的情况下，推销人员运用刺激性手段引导客户产生购买行为的策略。推销人员事先设计好能引起客户兴趣的语言、图片和条件，通过渗透性交谈进行刺激，在交谈中观察客户的反应，然后根据其反应采取相应的对策。这种策略在上门推销和电话推销物流产品时效果较好。

2. 针对性策略

针对性策略是指推销人员在基本了解客户的某些情况下，有针对性地与客户一起讨论客户的业务项目，然后推销人员再向客户介绍本企业所能提供的服务，以引起客户的兴趣和好感，从而达到成交的目的。

3. 诱导性策略

诱导性策略也称为"诱导-满足"策略。这种策略是通过推销人员与客户的交流，使客户了解到自己的真正需求，并希望满足这些需求。推销人员站在客户的立场上向客户推荐本企业所提供的服务，使客户感到推销人员成了他们的参谋，从而较顺利地达成交易。

 **知识链接**

物流企业推销人员应具备的素质

人员推销是一个信息沟通的过程，也是一个物流服务产品推销和技术服务的过程，因此，推销人员的素质高低直接影响促销活动与整个销售活动的成败。推销人员一般应具有以下素质：

1. 思想素质

要求诚实、热情、勇于进取、吃苦耐劳等。

2. 文化素质

掌握丰富的专业知识，有学习的兴趣、高雅的个性及修养。

3. 业务素质

要求熟悉物流企业、物流服务、市场需求、客户心理等多方面的知识，灵活应变，技巧娴熟。

4. 心理和生理方面的素质

稳定乐观的情绪、积极进取的精神、坚忍不拔的意志、强健的体魄。

三、广告促销

物流广告是由物流企业支付费用，通过电视、广播、报纸、杂志、信函、交通工具、张贴画、网络等媒体向公众传达物流服务的存在和特征、购买者能够得到的利益、物流消费观念等信息，以增加客户的了解和信任、引起客户的注意和兴趣，进而促进销售的工具。广告按照目的可分为告知型广告、说服型广告、提醒型广告三类。物流广告是受众面最广、传播最快的信息传播媒介，被称为物流信息传播的使者、引导消费的先锋、促销的催化剂、物流企业的介绍信、物流服务的敲门砖、物流品牌宣传的桥头堡。在现代社会，广告已经成为物流企业促销必不可少的手段。

物流广告策略一般包括 5 个步骤，如图 4-11 所示。

图 4-11 物流广告策略步骤

（一）确定广告目标

物流企业要想取得良好的广告效果，必须有的放矢。一般来说，物流企业的广告按照目标可分为以下三种类型：

1. 告知型

告知型广告一般用于物流服务产品的投入期和成长期，主要目的是将物流服务产品信息告知客户，宣传物流企业的形象，从而激发客户的购买欲望。

2. 说服型

当物流服务产品处于成长期或成熟期，面临激烈的市场竞争时，物流企业就应该采用说服型广告。通过强调品牌之间的细微差别，培养客户对该品牌的偏好，从而说服客户购买本企业的物流服务。

3. 提醒型

当物流企业具有一定的知名度或物流服务产品处于成熟期时，可采用提醒型广告。其目的在于加深客户对物流企业或物流服务产品的记忆，提醒客户购买本企业的物流服务产品。

（二）确定广告预算

物流企业做商业广告是一种付费宣传，必须围绕目标控制成本，因此需要编制广告预算。物流广告预算一般包括物流市场调研费、广告设计费、广告媒体使用费和广告公司佣金等。

（三）确定广告信息

物流广告信息是指广告传递的信息，主要包括要传递哪些信息和如何传递信息（要有什么样的创意）。不同物流企业的广告应该有不同的风格，这样才能引起目标受众的关注，取得良好的广告效果。内容包括广告主题、广告词、确定图案以及确定主色调和文字大小。

（四）确定主要的广告媒体

物流企业广告可以选择传统的四大媒体广告，即报纸、杂志、广播和电视，也可以选择互联网、户外广告、墙体广告、车身流动广告、横幅广告、招牌广告、张贴广告、传单广告等。

（五）评价广告效果

评价广告效果一般从沟通效果和销售效果两方面进行。物流企业通过评价广告效果，一方面可以衡量广告带来的客观结果，另一方面可以为以后的广告活动提供参考价值。

四、营业推广

营业推广又称"销售促进"，是指物流企业在一定时期内，运用各种短期诱因鼓励客户或物流中间商购买、经销（或代理）物流服务的促销活动。它是一种短期内为完成一定营销任务而采取的刺激客户购买的促销策略。

（一）营业推广的方式

物流企业可根据营业推广的对象采用不同的方式，具体如下。

1. 针对客户的营业推广

物流企业通常可以采用以下方式刺激客户采取购买行为：

（1）降价或增加服务而不加价。

（2）赠送促销，如向客户免费赠送一项增值服务。

（3）提供优惠券。

（4）组合促销，以比较优惠的价格（低于分开购买各物流服务产品的价格之和）提供组合物流服务产品。

（5）抽奖促销，客户购买一定数量或金额即可抽奖。

（6）提供会员优惠。

2. 针对物流中间商的营业推广

物流企业通常采用合作广告、销售会议、销售提成、购买折扣等方法鼓励物流中间商积极推销物流服务产品。

3. 针对推销人员的营业推广

物流企业通常采用奖金、销售竞赛、免费培训等手段提高推销人员的销售积极性。

（二）营业推广的流程

一般来讲，物流企业制定营业推广策略的步骤包括确定推广目标、选择推广方式、制订推广方案、实施推广方案和评价推广效果，如图 4 - 12 所示。

图 4 - 12　营业推广流程

1. 确定推广目标

物流企业首先要明确营业推广所要达到的目标。这一目标既要与物流企业的总体营销目标相匹配，也要符合所选目标市场的特点。例如：针对客户的营业推广目标是吸引潜在客户尝试购买物流服务、鼓励客户重复购买本企业的物流服务；针对物流中间商的营业推广目标是吸引物流中间商与物流企业合作；针对推销人员的营业推广目标是鼓励推销人员积极销售物流服务。

2. 选择推广方式

为实现营业推广目标，物流企业应该对目标市场类型、营销目标、竞争环境、物流服务特点、各种推广方式的成本和效率等进行分析，从而选择适当的营业推广方式。

3. 制订推广方案

物流企业应根据确定的推广目标和推广方式制订科学、切实可行的营业推广方案。营业推广方案是对物流企业营业推广活动的具体安排，包括推广规模与强度、推广对象、推广途径、推广时机、推广时间、推广费用等内容。

4. 实施推广方案

营业推广方案制订好之后，物流企业要有条不紊地组织实施。在实施前，可以先进行小规模测试，以防止发生重大失误；在实施过程中，也要进行必要的控制，发现问题及时解决，不断改进推广方案，力求达到最佳推广效果。

5. 评价推广效果

物流企业可以采用多种方法对营业推广的效果进行评价，常用的方法包括比较法、调查法和实验法等。物流企业对营业推广效果进行全面评价，有利于及时总结经验、吸取教训，从而改进营销工作。

五、公共关系促销

公共关系简称"公关"，是指物流企业在开展市场营销活动的过程中，正确处理与社会公众的关系，以便树立企业和品牌的良好形象，从而促进物流服务产品销售的一种活动。公共关系主要由物流企业、公众、传播三大要素构成，如图4-13所示。物流企业是公共关系的主体，公众是公共关系的客体，传播则是沟通公共关系主体与客体的桥梁，这三者共存于同一个社会环境中。

图 4-13 公共关系组成

公共关系的作用表现在四个方面：（1）能够收集信息，为企业决策提供参考；（2）能够协调纠纷，化解企业信任危机；（3）能够传播沟通，树立企业形象、信誉；（4）能够促进销售，为企业创造良好效益。

（一）制定公共关系促销策略的步骤

物流企业制定公共关系促销策略的步骤主要有确定公关目标、确定公关对象、选择公关方式、制订公关方案、实施公关方案和评价公关效果，如图4-14所示。

图 4-14 制定公共关系促销策略的步骤

1. 确定公关目标

物流企业应在调查研究的基础上，根据企业营销的总目标和公众对企业的意见来确定具体的公关目标。公关目标通常包括提升物流企业知名度、可信度，减少公众对物流企业的误解，消除不当事件的负面影响等。

2. 确定公关对象

公关对象取决于公关目标，公关目标不同决定了公关对象的侧重点不同。例如：公关目标是提高客户对本企业的信任度，那么公关对象就应该是客户；如果物流企业与社区出现摩擦，其公关活动就应该针对社区公众进行。

3. 选择公关方式

选择公关方式时必须考虑特定的市场环境和相关的文化背景，以及公关活动的费用预算、公关活动的时机等。

4. 制订公关方案

物流企业应在考虑上述因素的基础上制订科学、切实可行的公关方案，对物流企业的公关活动做出具体安排。

5. 实施公关方案

物流企业在实施公关方案的过程中，应确保能有效控制各项工作的完成进度，及时发现公关方案实施过程中的偏差甚至错误，并进行调整与纠正。

6. 评价公关效果

公关效果的评价方法主要有以下几种：

（1）展露度衡量法。通过统计公关活动在新闻媒体上的展露次数和时间，了解公关活动的影响。

（2）态度改变衡量法。考察公关活动后公众对物流企业或品牌的知晓度、理解度和态度偏好方面的变化情况，从中了解公关效果。

（3）销售评估法。通过比较公关活动前后物流服务产品的销售量与利润等的变化情况，了解公关效果。

（二）公共关系的具体策略

在实践中，常用的公共关系策略有以下几种。

1. 利用新闻媒体进行宣传

利用新闻媒体宣传物流企业和物流服务是一种较常用的公关策略。物流企业可以向新闻媒体投稿，召开记者招待会、新闻发布会、新产品信息发布会，或邀请记者写新闻通讯、人物专访、特稿等，来宣传物流企业及其物流服务的信息。

2. 参加各种活动

物流企业可以通过赞助文体活动、福利事业或市政建设等，扩大物流企业的社会影响力，提高企业知名度与美誉度，赢得社会公众的信任和支持。

3. 刊登公共关系广告

公共关系广告包括介绍物流企业历史的广告、节假日庆贺的广告、对同行的祝贺广告、向公众致意的广告、鸣谢广告等。这种广告有助于宣传企业的整体形象，增加公众对物流企业的了解，进而推动物流服务产品的销售。

4. 开展各种专题活动

专题活动包括展览会、周年庆典活动、对外开放参观活动、有奖答题活动等。物流企业可以通过开展各种专题活动来加强与外界公众的联系，扩大企业的影响力，从而树立良好的企业形象。

5. 危机事件处理

在物流企业经营过程中，危机事件常有发生，如客户投诉、安全事故、对企业不利的信息传播等。这些事件往往会使物流企业的信誉下降，销售额下跌。在发生危机事件时，物流企业公关人员应该及时做好公关工作，表现出处理危机的诚意和与公众沟通的意愿，化"危机"为"机会"。

6. 导入企业形象识别系统

在当前的市场竞争中，物流企业形象的塑造至关重要，企业形象识别系统（CIS）已成为推动企业发展的一种动力。采用 CIS 可以使物流企业将其经营理念、企业文化等通过动态和静态的传播方式传递给社会公众，从而树立良好的形象，使客户对物流企业及其物流服务产生好感。

同步实训

物流服务产品促销方案的撰写

实训形式：

小组合作、企业调研。

实训内容：

查阅相关资料，完成以下内容。

（1）公共关系方案的撰写。国庆节快到了，请为义乌盛辉物流公司撰写一份公关活动的策划方案。

（2）广告方案的撰写。请为某物流企业的一项物流服务产品撰写一份广告方案。

（3）请为某快递企业设计一项物流服务产品的营业推广方案，时间是在"618"活动前夕。

各小组成员积极讨论，发表个人观点，认真完成实训内容发言提纲。要求语言流畅、文字简练、条理清晰。

实训步骤：

（1）全班同学自由分组，每组 6～8 人。

（2）各组分别进行讨论，明确组内分工。

（3）按照分工进行资料收集、整理、讨论并设计促销方案。

（4）提交自行设计的促销方案。

（5）各组分别选一名代表在班级内展示本小组的促销方案。

实训评价：

任务实训评价表如表 4-6 所示。

表 4-6 任务实训评价表

评价项目	评价标准	分值	教师评价（70%）	小组互评（30%）	得分
知识运用	掌握促销和各种促销策略的概念	35			
技能掌握	对物流企业所采用的促销策略分析合理、准确，提出的建议具有可行性	35			
成果展示	方案设计内容丰富，观点阐述清晰	20			
团队表现	团队分工明确、沟通顺畅、合作良好	10			
合计					

项目练习

一、单选题

1. 物流服务产品组合中所包含的产品项目的数量叫作产品组合的（　　）。

A. 宽度　　　　　　　B. 长度　　　　　　　C. 深度　　　　　　　D. 关联度

2. 产品生命周期是指（　　）。

A. 产品的使用寿命　　　　　　　　B. 产品的物理寿命

C. 产品的合理寿命　　　　　　　　D. 产品的市场寿命

3. 产品改良、市场改良和营销组合改良等决策适用于产品生命周期的（　　）。

A. 投入期　　　　　B. 成长期　　　　　C. 成熟期　　　　　D. 衰退期

4. 原定位于中档产品市场的企业掌握了市场优势之后，决定向产品大类的上下两个方向延伸，这种产品组合策略叫（　　）。

A. 向下延伸　　　　B. 双向延伸　　　　C. 向上延伸　　　　D. 缩减产品组合

5. 企业把创新产品的价格定得较低，以吸引大量客户，提高市场占有率，这种定价策略叫作（　　）。

A. 撇脂定价策略　　B. 渗透定价策略　　C. 目标定价策略　　D. 加成定价策略

二、多选题

1. 下列（　　）属于物流企业的促销目标。

A. 强调物流服务产品的区别利益

B. 加强物流服务产品广告的效果

C. 鼓励非用户参加服务展示或试用现有服务产品

D. 说服中间商推销新的物流服务产品

E. 说服现有中间商努力销售更多的物流服务产品

2. 下列属于物流企业促销策略影响因素的是（　　）。

A. 物流企业的分销渠道　　　　　　B. 促销目标

C. 市场状况　　　　　　　　　　　D. 物流服务的生命周期

E. 物流服务产品的特点

3. 人员推销具有的功能包括（　　）。

A. 推销　　　　　　　　　　　　　B. 传递信息

C. 寻找客户人员　　　　　　　　　D. 收集信息

E. 提供其他服务

4. 物流企业的广告应遵循的原则有（　　）。

A. 准确性原则　　　　　　　　　　B. 艺术性原则

C. 实效性原则　　　　　　　　　　D. 切合受众心理的原则

E. 真实性原则

5. 下列属于面向中间商的推广方式是（　　）。

A. 津贴　　　　　　　　　　　　　B. 推广津贴

C. 销售竞赛　　　　　　　　　　　D. 扶持中间商

E. 会议促销

三、简答题

1. 简述物流企业促销的作用。

2. 简述物流企业人员推销的策略。

3. 简述物流企业公关活动的方式。

项目五
物流企业客户开发

学习目标

※ 知识目标

掌握物流企业开发新客户的步骤与方法。

理解物流项目招投标的含义与过程。

熟悉物流项目招标书、投标书的基本内容。

※ 能力目标

能够在调研的基础上撰写物流企业新客户开发方案，运用开发客户的技巧，实施新客户开发。

能够深入企业现场采集数据，结合相关理论及数学模型，培养用科学方法解决问题的习惯。

※ 素养目标

养成良好的职业道德和敬业精神。

提升交流、表达能力及团队协作沟通能力。

 **引导案例**

精准营销，延伸服务

"首票一日游业务不到两小时就放行了，你们的服务真是太高效了！"江阴中远海运物流接到新客户 DGHJ 的来电，客户对首次顺利合作的"保税一日游"业务给予了充分肯定。

早在 2020 年 3 月，DGHJ 客户企业就致电江阴中远海运物流关务部咨询进出口退税等问题，但受疫情影响，合作计划被迫搁置。江阴中远海运物流始终保持与客户的紧密联系，以客户需求为出发点，善用海关政策红利为客户出谋划策，深化"量体裁衣"式服务，提供了"保税一日游"的业务方案。"保税一日游"业务是出口复进口业务的俗称，是利用保税物流中心的入区退税政策，以先出口再进口的方式，解决加工贸易深加工结转手续复杂、深加工增值部分不予退税等问题，具有手续简单、速度快、成本低等优势。为帮助客户熟悉业务操作流程，关务部业务员登门拜访客户，详细讲解政策优势，并针对电子税款缴纳、单证缮制等问题进行了一一解答。最终，江阴中远海运物流凭借精准化的营销服务有效促成了与该客户的初次合作，收获了客户好评。

问题：

1. 该案例中客户开发成功的原因是什么？
2. 你从案例中得到了关于客户开发方面的哪些启发？

任务一　开发新客户

新客户开发工作是物流企业进行物流项目营销的重要环节。在竞争激烈的市场中，能否通过有效的方法获取客户资源往往是企业成败的关键。销售人员的首要任务是开发准客户，通过多种方法寻找准客户并对准客户进行资格鉴定，使企业的营销活动有明确的目标与方向，使潜在客户成为现实客户。在当今的市场环境下，客户尤其懂得如何满足自身的需要和维护自身的利益。因此，加强新客户开发管理，巩固老客户，以投标方式获得客户对物流企业的发展至关重要。

在进行新客户开发之前，物流企业必须明确自身的市场细分，确定目标市场，研究目标客户，弄清楚新客户圈，从而制定客户开发市场营销策略，了解自身物流服务项目的优势，同时通过市场调查，摸清竞争对手的服务和发展策略。物流营销人员开发新客户的主要流程如图 5-1 所示。

图 5-1　开发新客户的主要流程

一、收集信息

销售人员开发新客户的首要步骤就是通过各种渠道收集客户信息，然后再有针对性地筛选，逐个拜访跟进。常见的收集客户信息的途径有如下几种：

（一）资料分析法

（1）从公司已有的销售线索里发掘。

（2）从行业统计数据、公开发表的统计年鉴、国家有关部门的统计报告里查询，或者从企业公布的数据资料中收集信息。

（3）从最新的黄页里查找，可与主管及老客户经理们请教客户的情况，要仔细记录联系的情况。

（4）从专业报纸广告里查找，如商品信息、推介广告、招聘广告。

（5）从名录里查找，如网上名录、外贸企业名录、商会名录、外商名录、海关名录。

（6）从专业展览会里寻找，可以先在展会中与客户交换名片，做初步的认识，回到公司后再查找跟进。

（7）写字楼寻找（"扫楼"），一家一家去拜访，配合拜访计划，做好相应的记录，也可以在马路上找，如车身广告、路牌广告、公司招牌。

（8）通过政府主管部门的权威网站、企业网站、行业协会网站、专业研讨会、期刊等收集客户资料。

（二）同事、合作伙伴介绍法

同事之间可以相互留意、相互介绍客户。合作伙伴的友情介绍也是非常有效的方法。要想让老客户推荐新客户，关键是要让老客户满意，树立企业品牌形象，但请客户推荐要注意修辞及技巧，不要强人所难或者表述太露骨。

（三）销售人员人际网络拓展法

六度人脉关系理论是指地球上所有的人都可以通过六层以内的熟人链和任何其他人联系起来。通俗地讲，你和任何一个陌生人之间所间隔的人不会超过六个，也就是说，最多通过六个人你就能够认识任何一个陌生人。由此可见，销售人员的人脉越宽广，接触到客户的机会越多，成交的可能性也就越大。销售人员可以通过参加同学会、同乡会、沙龙、俱乐部的形式来拓展人脉，加入的圈子越多就越会形成优势效应，就更有益于挖掘潜在客户。

（四）接待主动上门客户法

受到物流企业服务项目在业内知名度、美誉度的吸引，一些客户会主动上门来咨询业务，销售人员一定要热情接待，面向客户进一步宣传产品和服务的优势，用更具说服力的服务和案例吸引客户下单，同时要收集整理好客户的联系方式，加强后续沟通合作。

（五）现代媒体交流法

随着新媒体形式的广泛传播，电话、传真、博客、微信、QQ、电子邮件等加强了企业与客户的联系，在收集客户资料方面发挥了巨大的作用。

（六）积极参与行业活动法

销售人员可以利用参加峰会、行业论坛、专业展会、推介活动、博览会的机会，踊跃发言，积极参与讨论，先熟悉客户，为今后的上门拜访打下基础。

物流销售人员真正和客户面对面的时间是非常有限的，即使销售人员有时间，客户也不会有太多的时间，实际上大多数时间是用在准备工作上。因此，收集客户资料，做好准备工作，能最有效地拜访客户。在销售前了解客户的状况，可帮助销售人员迅速掌握销售重点，节约宝贵的时间，制订出可行的、有效的销售计划。

（七）中心开花法

中心开花法也称为名人介绍法、中心人物法、中心辐射法，是指销售人员在某一特定的销售范围内，取得一些具有影响力的中心人物的信任，然后在这些中心人物的影响和协助下，把该范围内的个人或组织发展成销售人员的准顾客的方法。采用此法，关键是要取得中心人物的合作，销售人员要设法让他们了解自己的工作，相信自己的销售人格、企业实力及服务。

二、销售准备

由于种种原因，一些销售对象很难接近，常令销售人员"扑空"。因此，为了有效地接近访问对象，销售人员要做的第一件事就是收集、整理、分析目标客户的相关资料，进行销售预测，做好约见客户的准备工作。

销售准备是指销售人员在接近某一特定潜在客户之前，对潜在客户情况所做的调查、了解，以设计接近、洽谈计划的过程。销售准备实际上是客户资格审查的延续，目的是掌握潜在客户更多的情况，取得客户的好感，了解客户的需求，增加销售信心，为成功销售做好准备。销售准备具体包括物流知识和信息的准备、销售工具的准备、销售人员的心理准备等。

（一）物流知识和信息的准备

物流销售人员熟知本公司的产品、服务的优点体现在：可以准确、清晰地向客户介绍产品和服务，从而刺激客户的购买欲望；妥善回答客户提出的问题，消除客户的疑虑。只有客户在物流项目体验中感到满意，才能持续选择该物流企业的产品和服务。

1. 销售人员应该熟知的内容

（1）物流企业的产品和服务的知识：本企业的基本情况、市场行情、客户满意度、物流服务的特点和功能。

（2）物流企业的产品和服务价格、交易条件方面的知识：定价和价格折扣、付款条件、售后服务、如何签订合同等。

（3）竞争对手的情况：产品和服务的价格、市场份额、竞争优势和劣势、客户群。

2. 充分了解客户的详细信息

（1）潜在客户为个体的准备内容：姓名、年龄、性别、民族、住所、职业、受教育程度、出生地、需求状况、购买能力、购买决策权、家庭状况、参考群体、个人爱好、消遣、兴趣爱好、最佳访问时间等。

（2）潜在客户为企业的准备内容：了解企业名称、性质、企业规模、办公所在地、经营状况；了解客户组织机构的设置，包括组织机构中各部门的负责人是谁，总经理是谁，是否设立独立的供应部门等；熟悉企业的采购状况，掌握潜在客户采购方面的情况，有利于针对性地开展销售工作。

除此之外，销售人员还要设定销售目标、制订销售计划、对情况进行 SWOT 分析，明确双方的优劣势，考虑可能存在的潜在争执原因是什么。

（二）销售工具的准备

1. 名片

交换名片是与客户互相认识、自我介绍的最快速、最有效的方法。交换名片的过程中，我们应用双手的大拇指和食指握住名片。递名片时，正面要面向接受名片的人，同时还要轻微鞠躬，即头微微低下。接受名片的一方必须点头表示感谢，同时要以同样的方式递出名片，接着要花一些时间仔细阅读名片上的内容。名片就是一个人的身份和外表，标明其身份地位、工作情况等信息。名片要保存在名片夹中，名片夹不应从裤子口袋里掏出，尽量不要在名片上做记号或标注。

另外，在拜访客户时如遇客户不在的情况，可以留下名片作为联系方式；在发送请柬时，也可以把名片装入信封中发送；在给客户赠送礼物时，如让他人转交，可以随附一张名片，附上恭贺之语，加深沟通的关系。

2. 文件包

销售人员应该有一个与身份相称的文件包，文件包干净整齐，包内装有企业介绍、产品和服务目录、个人有效证件、礼品等，资料必须摆放整齐，有需要时能迅速找到，及时更新和整理。个人物品还包括纸、笔记本、面巾纸、梳子、镜子、雨伞、化妆品等。

3. 图片资料

图片、宣传册的运用很容易吸引客户的注意力，激发客户情感上的冲动，给客户留下深刻印象，取得客户的信任。

4. 其他工具

（1）投影仪、笔记本电脑。利用样、形、音三位一体，说服力增强。

（2）报纸、杂志的报道。主流权威报刊的正面报道是很有影响力的宣传。

（3）权威机构的认证。权威机构的认证可以说服和打动客户，让其对产品的质量放心，促使其达成交易的意愿。另外，大公司或者老客户赞美企业产品与服务的信函、评价，更能起到积极的说服作用。

（三）销售人员的心理准备

心理准备可以概括成"五心"，即热爱事业、公司、客户、服务的热心，相信所销售的产品、服务、个人能力的信心，踏实肯干、百折不挠、做事专注的恒心，不自满、不骄傲的虚心，掌握客户心理、抓住客户需求的诚心。

三、约见客户

（一）约见方式

约见方式如表5-1所示。

表5-1　常见的预约客户的方式

约见方式	内容	注意事项
当面预约	销售人员与客户当面约定再见面的时间、地点等	尊重接待人员，切勿以貌取人，要获得接待人员的支持与配合
电话预约	利用电话与客户预约见面事宜	语气和缓、语速适中、声音愉悦
信函预约	利用写信的方式约见客户	注意书信格式和阅读者的称谓
委托预约	销售人员拜托第三者引荐	不强人所难，保持热情
传媒预约	利用QQ、邮箱、微信、OA办公系统等大众传媒进行约见	明确客户群，尽量不给他人造成骚扰和不必要的麻烦

（二）约见理由

物流企业销售人员应站在客户角度进行换位思考，了解客户遇到的问题和需求；必须有充分、明确的拜访理由，否则访问对象会认为是浪费时间，拒绝会谈。可以按照如下拜访事由来约见客户：

第一，市场调查。比如了解客户对目前物流服务的满意度，熟悉客户物流的发展状况，帮助其提高工作效益。以市场调查为访问理由，比较容易为对方所接受。

第二，提供服务。如要求进行进一步的物流服务和开展调查工作，以便给出建议报告，介绍企业物流服务的优势，推荐新开发的物流项目。以提供服务为事由，让客户产生兴趣，往往会受到客户的欢迎。

第三，走访客户。认识客户，当面请教，建立业务关系，可以使销售人员处于积极主动的位置，容易获得对方的好感，趁合适的时机完成正式的销售工作。

第四，签订合同、收取货款。以签订合同、收取货款为约见事由，对方一般不好推辞。

第五，参观展示。邀请客户来企业参观，或者将项目做成课件汇报展示，在演示的过程中讲解项目的优点和解决的问题，重视客户的意见，留下相关资料供客户选择，也可以提供小赠品、小礼物，以显示对客户的尊重。

 **知识链接**

约见客户

1. 赠送资料，提供服务

"您好，我是×××，我们是一家提供专业危险品物流服务的企业，并且在同行业里率先通过 ISO 质量体系的认证，有关于我们物流服务的详细资料想赠送给您，不知道您什么时间比较方便呢？"

2. 公事公办，迅速突破

"您好，我是上海××公司的，有一些关于物流方面的事宜想找一下贵公司的王经理，麻烦您通报一下，谢谢！"

3. 请求帮忙，礼貌周全

"您好，我是上海××公司的，我们有一些重要的危险品物流方面的资料要送给贵公司的物流部经理，他现在在吗？我可以和他直接沟通一下吗？"

4. 时间二选一，请求见面

"我想和您约个时间，相信我带给您的资料您会非常感兴趣的（对您的工作肯定有很大的帮助），您看我是明天上午还是下午来拜访您呢？"

（三）约见时间

是否选择合适的时间进行拜访，关系到整个销售工作的成功与否。时间的确定主要考虑：

第一，访问客户的工作、生活时间规律。尽量让客户确定时间，或者根据客户的特点约定时间，尽量避开客户最繁忙的时间，注意目标企业上下班的时间规定。

第二，访问事由。应当根据不同的访问目的来安排访问时间，如联络感情可以安排在周末或者饭点之前；如提供物流服务可以根据服务项目的不同来约定，以充分显示服务优势的时间为宜；如收取款要充分了解客户的资金周转情况，尽量选择其资金充足的时机拜访；如签订合同可以按照成交策略来安排拜访时间；如市场调查则选在客户需求或者市场行情发生变化的时机提出拜访理由。

第三，访问效率。合理规划访问时间，提高访问效率。一般情况下，一天内应安排同一区域内的客户，见缝插针地做好销售工作。

另外，还要注意提前考察好拜访地点的周围环境、交通状况、当日天气情况、安全等因素，讲究诚信，提前到达，准备好相关资料。

（四）约见地点

最常见的约见地点是受访客户的办公室，或者应客户的要求选择的地点。如果销售对象为个人，也可以将对方的居住地或饭店、咖啡馆、娱乐场所作为约见地点。

（五）约访客户常见的拒绝理由

约访客户常见的拒绝理由有：很忙、没时间；暂时不需要；不够了解，把资料传真过来；有需要会打电话的；已经有了专门的公司提供。

针对上述拒绝理由，销售人员一定要保持自信、不气馁，可以更换约见的表达方式，例如："您可能误会了，我并不是向您推销什么，只是想和您认识一下，我有不少资讯对您的工作会很有帮助，也是您所关心和感兴趣的，我明天上午来还是下午来会比较方便？"

约见请求的主要诉求点在于帮助客户增加效益、节约成本、提高绩效等，销售人员可以主动提出见面时间较短、不会占用对方过多的时间，如只需要 15 分钟、不超过 3 分钟等，通过多次提出请求，显示物流销售人员的真诚，博得对方的同情和青睐，最终胜券在握。

四、拜访客户

物流服务一般比较复杂，通过电话、信函进行项目的推广无法达到预期的效果，因此借助 PPT、短片展示的面谈形式才是最好的推介方式。

视频：巩固
物流老客户

（一）拜访客户的主要步骤

（1）称呼对方的姓名（职务）。
（2）自我介绍。
（3）感谢对方的接见。
（4）寒暄。
（5）表达拜访的理由。
（6）赞美及询问。

（二）在洽谈的过程中需要注意的环节

（1）销售人员的仪表。适当的仪容、服饰、谈吐举止构成了销售人员的外在形象，良好的个人形象令客户一见倾心。

（2）拜访开始。开场一般要打招呼、嘘寒问暖、自我介绍或者感谢相关人员对于拜访事宜的帮助，寒暄的目的是暖场，要主动、热情，因人、因地、因时选好用语和话题，言语准确、规范、清晰，及时对客户表达赞美、仰慕之情，适时提出拜访的事由，通过询问引起客户注意，充分调动客户的兴趣。

（3）沟通交流。交流的内容可以是服务项目推介、异议处理、合同签订等，一定要耐心倾听客户的谈话内容，并做出适时的回应。

（4）拜访结束。销售人员要感谢客户的接待，有礼貌地一一握手，恳请对方在适当的时机访问自己的企业，告辞并敬请客户留步。

五、销售洽谈

销售洽谈也称交易谈判，是指销售人员运用各种方式、方法和手段，向客户传递销售信息，并设法说服客户购买商品和服务的协商过程。过去销售人员主要依靠一双"铁腿"和一张"巧嘴"，行万里路，登万户门，说万次话，讨万回价，当面商议，各得其所。因此，这样的销售洽谈基本上属于当面洽谈。

在现代销售环境里，新的销售方法、销售技术和销售手段不断出现，使得销售洽谈的方式和方法也在不断变化。现代销售洽谈可以利用人类所能利用的一切信息沟通工具，除面对面的直接洽谈外，还有电话、书信、电子邮件等销售洽谈方式。

实质性洽谈的目标既取决于客户购买活动的一般心理过程，又取决于销售活动的发展过程。为了达到销售洽谈的目的，销售人员需要完成以下任务，如图 5-2 所示。

图 5-2 销售洽谈的流程

（一）准确把握客户需求

物流销售就是向客户介绍物流服务提供的利益，以满足客户特定需求的过程。每个客户的特定需求是不一样的，有的是需要降低成本，有的是需要增加可靠性，有的是希望提高物流提供商的反应速度。想要满足这些客户的特定需求，需要通过物流服务提供特定利益。

销售人员应依据调查的资料详细描述客户当前的状况，准确指出客户希望解决的问题或者预期得到满足的需求。从营销学的角度讲，只要能够发现客户的购买需求和动机，就可以预测和引导其购买行为。购买行为是受购买动机支配的，而动机又源于客户的基本需要。为此，销售人员在洽谈之初就必须找到此客户的心理需要，并投其所好地开展销售洽谈。同时，在销售洽谈中针对客户的需求介绍物流服务项目的内容，满足客户的需求，客户只有真正认识到销售品的功能和利益，感受到其所带来的满足感时，才能产生购买动机。

（二）说服客户达成交易

销售人员应向客户传递推介项目的特性和优势，强调能够满足客户的特殊需求，解决客户的特殊问题，提供定制化的服务。销售人员要将所掌握的有关信息迅速传递给客户，以帮助客户尽快认识和了解物流服务项目的特性及其所能带来的利益，增强客户对企业和服务项目的好感，诱发客户的购买兴趣，为客户进行购买决策提供信息依据。同时，销售人员在向客户传递信息时必须客观、恰当、实事求是。

（三）提出物流服务建议

对于客户的特殊需求，物流销售人员可以代表本公司给出针对性强、个性化的物流服务解决方案或者建议，将物流服务特性转化为客户的利益，重点阐述该物流服务项目在解决当前问题上的优势。当然，销售人员寻找、接近并说服客户的最终目的是要客户接受该物流服务项目。

 知识链接

销售洽谈要符合 MONEY 法则

M：Master（精通）——精通产品卖点，熟悉业务内容。

O：Opportunity（机会）——抓住现场机会，灵活机智应变。

N：Need（需求）——找准客户需求，满足实际需要。

E：Emotion（情感）——触动心灵情感，取得客户信任。

Y：Yourself（自己）——将心比心，想想自己。

客户购买活动的心理过程，历经认识阶段之后，还要经过情绪变化和意志决定这两个发展阶段。在洽谈过程中，销售人员必须准确把握客户购买决策前的心理，利用各种理智的和情感的手段去刺激客户的购买欲望，引导客户做出购买决定，促成交易。所以，销售人员可以采用各种方式说服客户，强调客户所能得到的利益，给予客户一些优惠，提供优质的服务，强化客户的购买欲望，为客户最终做出购买决定而努力。

成功的物流服务洽谈活动的特征包括：

（1）能毫无遗漏地说出对客户解决问题及现状改善的效果。

（2）让客户相信物流企业能说到做到。

（3）能站在客户的立场上帮助客户解决问题，并让客户感受到热情。

六、异议处理

在整个洽谈活动中，客户会随时对销售服务项目、销售人员、销售方式和交易条件产生怀疑、抱怨，提出否定或反对意见，销售人员会经常遇到"对不起，我很忙""对不起，我没时间""对不起，我没兴趣""价格太贵了""质量能保证吗？"等被客户用来作为拒绝理由的回应，这称为客户异议。

（一）客户异议的类型

根据客户异议性质的不同，可以将异议分为真实异议、虚假异议和隐藏异议三种类型。根据异议内容的不同，可以将异议分为需求异议、价格异议、产品异议、购买时间异议、客服人员异议、服务异议和支付能力异议七种类型，如表 5-2 所示。

表 5-2　客户异议的类型

客户异议	所属类别（根据性质划分）	所属类别（根据内容划分）	处理建议
客户："其他公司类似服务的报价比你们低三成。"	虚假异议	价格异议	可以从产品的质量、适合度等方面来向客户介绍，也可以稍微降低价格
客户："算了，连你（销售人员）自己都不明白，我不买了。"	真实异议	客服人员异议	推荐更为专业的销售人员与客户进行沟通并解答疑问

续表

客户异议	所属类别 （根据性质划分）	所属类别 （根据内容划分）	处理建议
客户："给我 10% 的折扣，我今天就下订单。"	隐藏异议	价格异议	产品质量方面适当降级，从服务方面来提高附加值，说服客户接受并购买
客户："我们早就不需要这样的运输服务功能了。"	虚假异议	需求异议	从更深处挖掘，高质量的服务才更加有保障，能为客户带来更多价值
客户："××公司是我们的老关系户，我们没有理由中断和它的合作关系转而向你们公司购买这种产品。"	真实异议	需求异议	从产品质量、价格等方面和其他物流企业相同产品进行对比，突显出自家产品的优势和为客户带来的最大价值
客户："10 月份的货损同比提升了 10%。"	隐藏异议	服务异议	通过改进服务来打动客户，为客户带来更多的利益

分析结论：在分析客户所存在的异议时，销售人员要及时做出反应、找对方向、给出良好的建议。物流销售人员在面对客户的时候要认真专注地为客户排忧解难，及时处理；要学会聆听，分析客户的要求，然后提供满意的服务。

（二）产生客户异议的原因

产生客户异议的原因可能是客户方面的，也可能是销售人员方面的，如表 5-3 所示。

表 5-3　产生异议的原因

客户方面的原因	销售方面的原因
客户没有真正认识自己的需求	销售人员缺乏沟通技巧
客户安于现状	物流服务展示失败
客户的偏见和成见	无法吸引客户的兴趣
客户有比较固定的购销关系	夸大其词，不实陈述
客户的支付能力	使用太多生涩难懂的专业术语
客户的自我表现和自我保护意识	调查结果脱离实际情况

（三）正确对待客户异议的方式

（1）要鼓励客户提出异议。

（2）认真倾听客户异议。

（3）准确回答客户的提问。

（4）不争辩，维护客户的自尊。

对于销售人员而言，把握处理销售障碍的最佳时机至关重要，如表 5-4 所示。

表 5-4 处理销售障碍的最佳时机

处理方法	处理时机
预先处理	销售人员在客户提出异议之前主动处理客户异议
同步处理	当客户提出异议时，销售人员立即以充分的理由进行解释，成功地促成交易
推迟处理	销售人员不立即回答，而是故意拖延一段时间再回答
不予回答	销售人员对客户的异议故意不回答

（四）提高处理客户异议能力的方法

（1）记录下每天遇见的客户异议。

（2）进行分类排列，将出现频率最高的异议放在首位，依次排列出异议出现的顺序。

（3）集体讨论编制应答语，并整理成文档。

（4）销售人员要熟记应答语。

（5）分组练习使用应答语。

（6）针对练习中遇到的问题和突发状况，对应答语进行修改和完善。

（7）对修改后的应答语反复练习，定稿印制，订成小册子随手翻阅，以供不时之需。

七、签订合同

达成交易对销售人员来说是非常开心的事，因为从一开始接触潜在客户，销售人员就希望达成交易。那么，如何让客户说"我同意""就这么定了""我愿意与您交往"，是非常关键的问题。

在很多实例中，都存在一个有趣的现象：当询问那些没有被打动的客户，他们为什么没有进一步产生购买行为时，让人吃惊的回答是，"销售人员没有请求我们这样做"。可见，在实际的销售过程中，产品说明、服务展示及解决异议等只是交易的辅助工具，目的是用来和客户达成协议，而我们在实务中却容易忽视这一点，客户的购买是由多种因素促成的，如果销售人员的说服已经起了效果但自己却不知道，一直在等待客户点头同意，就会白白放弃了成交的好机会。

成交的方式有两种：一是签订供销合同，二是现款现货交易。在实务中，一些销售人员抱有不良的心理倾向，阻碍了成交，需要克服。

（一）签订合同的障碍

1. 害怕被拒绝

有的销售人员不能主动地向客户提出成交要求。这些销售人员害怕提出成交要求后，如果客户拒绝会破坏洽谈气氛，一些新销售人员甚至对提出成交要求感到不好意思。

据调查，有 70% 的销售人员未能适时地提出成交要求，许多销售人员失败的原因仅仅在于没有开口请求客户订货。美国施乐公司前董事长波德麦克·考芬说，销售人员失败的主要原因是不要订单。不提出成交要求，就像瞄准了目标却没有扣动扳机一样，这是错误的。没有要求就没有成交，遭到客户的拒绝也是正常的事。相关研究表明，销售人员每达成一次交易，至少要受到客户 6 次拒绝。销售人员只有学会接受拒绝，才能最终与客户达成交易。

2. 等待客户先开口

有的销售人员认为客户会主动提出成交要求，因此，他们等待客户先开口，这其实是一种错觉。

3. 放弃继续努力

还有一些销售人员把客户的一次拒绝视为整个销售失败，放弃继续努力。实际上，一次成交努力失败并不是整个成交工作的失败，销售人员可以通过反复的成交努力来促成最后的交易。

（二）提出签订合同要求的时机

在销售场合，如果销售人员在介绍服务之外还要做更多的努力，有些时候就会感到力不从心。如果客户没有觉察出产品的价值而不急于购买，销售人员就容易丧失信心。事实上，如果关注客户购买心理的阶段性变化，如注意、发生兴趣、产生联想、激起欲望、比较、下决心及提出异议，这里的每个阶段都可以出现达成协议的时机。

物流企业销售人员要随时关注成交的信号，成交信号是客户通过语言、行动、表情透露出来的购买意图。客户产生了购买欲望常常不会直接说出来，而是不自觉地表露其心志。客户的购买信号如表 5-5 所示。

表 5-5　客户购买信号的具体表现

客户购买信号	具体表现
语言信号	客户询问服务、交货期、交货手续、支付方式、保养方法、使用信息、价格、竞争对手的服务及交货条件、市场评价等
动作信号	客户频频点头、端详样品、细看说明书和资料、向销售人员方向前倾、用手触及订单等
表情信号	客户紧锁的双眉分开、上扬，深思的样子，神色活跃、态度更加友好、表情变得开朗，自然微笑，眼神、脸部表情变得很认真等

（三）提出签订合同要求的准则

1. 经常性准则

以销售为导向，充分利用环境、与关键人士建立关系推动销售协议的达成。

对有经验的销售人员来说，可以在非常短的时间内让一个客户接受并签约。对客户来讲，采购的决策并不是盲目的，如果不是销售一件让所有客户都感到陌生的新产品，客户必定知道该产品或同类产品的存在，所以经常性地提出签约要求是非常可行的。一个销售人员的业务生涯中大多数的协议是在这种情况下达成的。

2. 对每个销售重点的准则

在说明完一个销售重点后，要表示出一个达成协议的动作，以确认这个重点是否是客户关注的利益点。如果错过这样的机会，在辛苦地忙碌了两个小时之后，发现客户已经没有兴趣了，轻易地让达成协议的机会溜走，就算是最后交易成功，也浪费了客户的时间。

3. 重大异议解决后的准则

化解了客户的重大异议后，销售人员可以立即提出交易，因为重大异议是客户决定是否购买的重要障碍，解决异议后实际上客户已经承认了产品的价值。销售人员为客户的购买扫清障碍后，应用合适的语气说："您看，现在基本上没有什么问题了，那我们就这么定下来吧！"

（四）签订合同

交易最后体现在合同上，合同要写清楚双方的权利义务关系。合同的条款主要包括：确定双方的运营关系、服务范围、管理流程、付款条件、绩效水平的评估，合同变更、中止的条件，争议解决的方式；确定双方的法律关系，如责权划分、知识产权保护、保密条款和适用的法律等。

（五）未达成交易的注意事项

（1）正确认识销售失败：失败是成功之母。

（2）失败时要注意形象。一些物流企业的销售人员面对失败时心中感到沮丧，并在表情上有所流露，言行无礼。没谈成生意，不等于今后不会再谈成生意。古语云"买卖不成仁义在"，虽然没谈成生意，但与客户联络了感情，留给客户一个良好的印象，那也是一种成功，为赢得下次生意成功播下了种子。

因此，要注意辞别客户时的言行，友好地与客户告辞。

八、售后服务

服务是一种具有无形特征，但可被消费者感知并可满足消费者需求的一种或一系列活动、过程和结果。

售后服务包含履行合同、合同纠纷处理和客户关系维护。售后服务是销售过程中重要的环节，物流服务是无形的，售后服务已经成为企业保持或扩大市场份额的要件，售后服务的优劣能影响消费者的满意程度。

物流服务是无形的，服务质量的高低取决于各服务环节处理能力的高低，取决于客户对物流服务的体验。物流企业应履行合同条款，注重服务细节及客户体验，通过优质的物流服务赢得客户满意、巩固客户关系，为开发更多的业务量奠定基础。

同步实训

一、客户异议处理

实训形式：

案例分析。

实训内容：

查阅相关资料，对资料进行讨论分析，并阐述如果是你，你会如何去应对案例1中的情况。各小组成员积极参与讨论，发表个人观点，认真完成实训内容发言提纲。要求语言流畅，文字简练，条理清晰。

实训步骤：

（1）实训前准备。参加实训的同学课前应认真阅读教材，查阅相关书籍，掌握开发新客户的内容。

（2）阅读以下两个案例，对以下问题进行分析和讨论，并对小组成员的观点进行记录。

1）案例1中销售人员A接近客户失败的原因是什么？

2）案例2中销售人员B接近客户成功的原因是什么？

3）比较两个案例，你有哪些心得和体会？

（3）教师选择部分代表发言，对个人思考分析结果进行总结。

（4）教师对学生的观点进行分析、归纳和要点提炼，并完成案例分析发言提纲。

案例：

案例1

销售人员A：您好！我是大林物流公司的销售人员，陈大男。在您百忙中打扰您，是想向您请教有关贵公司物流方面的事情。

客户：哦，我们公司的物流有什么问题吗？

销售人员A：并不是有什么问题，我想知道您是否考虑更换供应商。

客户：没有这回事，我们现在的物流供应商很好，现在不想考虑更换供应商。

销售人员A：并不是这样哟！对面××电器公司已更换了新的供应商呢！

客户：不好意思，将来再说吧！

案例2

销售人员B：郑总，您好！我是大华物流公司销售人员王维正。我是本地区的销售人员，经常经过贵公司，看到贵公司的生意一直都是那么好，实在不简单。

客户：您过奖了，生意并不是那么好。

销售人员B：贵公司对客户的态度非常亲切，郑总对贵公司员工的培训一定非常用心，我也常常到别的公司，但像贵公司服务态度这么好的实在是少数，对面的张总对您的经营管理也相当钦佩。

客户：张总是这样说的吗？张总经营的公司也非常好，事实上他也是我一直学习的对象。

销售人员 B：郑总果然不同凡响，张总也是以您为效仿的对象，不瞒您说，张总昨天刚和我公司续签了物流服务的合同，非常高兴之时，提及了郑总，因此，今天我才来打扰您！

客户：喔！他在使用你们的物流服务？

销售人员 B：是的。郑总是否考虑也使用我公司的服务呢？目前贵公司的物流状况虽然也不错，但是如果使用更专业的物流服务供应商，您的客户一定会更满意贵公司的售后服务，贵公司的生意也一定会更好。请郑总一定考虑下我们……

二、物流企业开发新客户

实训形式：

企业调研。

实训内容：

选择一家知名的物流企业，调查该物流企业开发新客户的主要方法，对调查结果进行分析、总结，撰写调研报告。

实训步骤：

（1）实训前准备。要求参加实训的同学，围绕物流企业开发新客户的内容准备调研提纲。

（2）5～6 人为一个小组，以小组为单位选择一家知名的物流企业，通过查阅资料、实地调研等方式，了解该企业有哪些开发新客户的方法，总结不同方法的使用情景。

（3）撰写实训报告并制作 PPT，小组长代表本小组在课堂上进行分享。

实训评价：

任务实训评价表如表 5-6 所示。

表 5-6　任务实训评价表

评价项目	评价标准	分值	教师评价（70%）	小组互评（30%）	得分
知识运用	掌握物流企业开发新客户的步骤与方法	35			
技能掌握	能够在调研的基础上撰写新客户开发调研报告，并根据调研报告实施新客户开发	35			
成果展示	PPT 制作精美，观点阐述清晰	20			
团队表现	团队分工明确、沟通顺畅、合作良好	10			
合计					

任务二　招投标获得客户

一、招标、投标概述

（一）招标、投标的概念

1. 招标

招标指招标人（买方）发出招标公告或投标邀请书，说明招标的工程、货物、服务的范围、标段（标包）划分、数量、投标人（卖方）的资格要求等，邀请特定或不特定的投标人（卖方）在规定的时间、地点按照一定的程序进行投标的行为。

2. 投标

投标指投标人应招标人特定或不特定的邀请，按照招标文件规定的要求，在规定的时间和地点主动向招标人递交投标文件并以中标为目的的行为，是与招标相对应的概念。

招标和投标是一种商品交易行为，是交易过程的两个方面，这种贸易方式既适用于采购物资设备，也适用于发包工程项目。凡在我国境内进行的招投标活动，均适用于《中华人民共和国招标投标法》。

（二）物流服务项目招投标的概念

1. 物流服务项目招标

物流服务项目招标一般是指大型的生产企业为了使自身的产品在储运和配送过程中得到更优质的服务，在一定范围内面向物流企业招商的一种手段，也可称为物流业务外包。物流业务外包，即制造企业或销售企业等为集中资源、节省管理费用，增强核心竞争力，将其物流业务以合同的方式委托给专业的物流公司（第三方物流）运作。外包是一种长期的、战略的、相互渗透的、互利互惠的业务委托和合约执行方式。

2. 物流服务项目投标

物流服务项目投标是投标人（即物流企业法人）寻找并选取合适的招标信息，在同意并遵循招标方核定的招标文件的各项规定和要求的前提下，提交投标文件，以期通过竞争被招标方选中的交易过程。

物流服务项目招投标在实际操作中通常都是由招标单位作为招标主体，物流企业作为投标主体，但也有例外，即由第三方物流机构把物流管理和业务一起转包或分包。另外，有时也涉及招标代理机构和投标代理机构。物流服务项目招投标涉及的主体如图5-3所示。

物流服务的需求方通过物流服务项目的招标方式进行业务外包，将使其以较低的成本得到较高质量的物流服务。随着物流市场的进一步规范与发展，进行物流服务项目招投标将成为物流服务交易的主要形式。

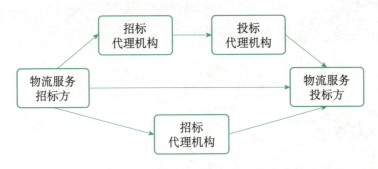

图 5-3　物流服务项目招投标涉及的主体

二、物流服务项目招标和投标的程序

（一）招标方式

按邀请投标人的公开程度划分，招标方式可分为公开性招标和邀请性招标。公开性招标是不限定范围的，通过发布招标信息向全社会的企业进行招标；邀请性招标是向特定的某些企业发出邀请进行招标。按照邀请投标人的地域划分，招标方式又可分为国内招标和国际招标。

（二）招标程序

1. 招标准备

企业进行物流服务项目招标，目的是以较低的成本得到其需要的物流服务，为了使招标得以成功，必须做好招标的每一步工作，主要包括：

第一，需求表述。首先需要分析自身的物流服务需求，并明确地表达出来，例如：寻找终端配送商，第三方物流项目招投标，物流运输项目招投标等。

第二，招标前的准备工作，如物流企业资格审查、研究招标方案、制定招标文件、确定招标形式及标的等。

第三，公开发布招标公告或书面邀请投标人。

第四，出售或派发招标文件。

第五，接受投标。

第六，进行开标和评标。

第七，根据评标结果，结合企业自身需要，选择中标人签订物流服务合同。

2. 招标文件

招标书的编制对于招标能否成功至关重要。一般情况下，招标书主要涉及企业自身情况和产品生产现状，以及对物流服务各个环节的要求，如货物运输、仓储控制、配送时效等，有的还可能涉及产品包装和流通加工等环节。

标准的国内竞争性招标书的格式是参照世界银行贷款项目范本的中文版本制定的，其基本结构是固定的，模块结构和基本内容如表 5-7 所示。

表 5-7　国内标书模块结构和基本内容

模块	基本内容
投标须知	项目名称、用户名称、投标书数量、投标地址、截标日期、投标保证金、投标有效期和评标的考虑因素等
投标人资格	公司规模、业绩、资质、信誉
招标文件	主要内容可分为程序条款、技术条款、商务条款三大部分，包含九项内容：招标邀请函；投标人须知；招标项目的技术要求及附件；投标书格式；投标保证文件；合同条件（合同的一般条款及特殊条款）；技术标准、规范；投标企业资格文件；合同格式
投标文件	构成内容；格式和顺序；报价表的格式；递交格式，密封形式；费用分担的内容；投标文件澄清内容的交流形式；投标保证金的金额和形式
评标	评标依据和原则；评标小组构成；招标人澄清（一般是声明不承诺最低价中标，而且没有义务解释未中标原因）；评标因素
授予合同	中标通知如何发送；合同的签订和生效；合同变更数量的权利；拒绝投标的权利；增加订货的选择权
合同条款	交货时间；付款方式；交货、运输和验收；服务；保修；技术支持

（三）投标程序

1. 投标准备

物流企业在达成投标意向后，随即着手投标的准备工作，主要包括如下步骤：

第一，组织物流项目投标小组。抽调有物流服务经验、有物流方案策划和设计能力的人员组成技术完备的投标小组，并给予充分的人、财、物等资源，集全体员工智慧做好投标工作。

第二，收集招标企业的资料。深入了解招标企业的状况，包括成长经历、产品类型和特点、市场状况，掌握招标企业的组织结构和未来企业发展态势。

第三，认真研究招标文件。分析招标内容，提出招标文件中的质疑问题，并做好询标工作。分解招标内容，组成解决各个有关内容的工作小组，编制投标文件，确定项目实施的资源、人力以及费用等，进行投资效益分析、可行性研究等。

第四，严格按照招标书的时间要求，确定投标活动的时间表，并制订投标工作计划。

2. 投标实施

怎样进行投标工作与企业能否投标成功密切相关。实施投标工作的关键步骤如下：

第一，在投标小组的领导和计划下，有步骤、有节奏地按照招标书的要求，参与投标活动。投标小组可召开会议明确目标，做好内部分工，制订详细的投标工作计划。

第二，仔细分析研究招标书内容。对招标书中不清楚、不明白或有问题的地方，认真记录，然后有计划地与招标方进行讨论，讨论结果由招标方确认，作为招标过程的支持文件。

第三，精心编写投标书。物流项目投标书是在分析招标企业的概况和物流需求后，做出的向招标方应标的一种方法。同时，投标书也是物流企业介绍自身服务能力的机会，对投标的成功与否起着决定性作用。投标文件是投标活动中最核心、最关键的文件，投标书不但是一个完整的物流服务方案，而且是投标方能否中标的依据。

根据不同招标书的要求，投标书的内容会存在差异，但投标书基本的结构大致相同，如表 5-8 所示。

表 5-8　投标书基本的结构

构成	模块	基本内容
封页	封页	投标内容、投标主体、投标时间
商务部分	投标函	
	法定代表人授权书	
	企业资质证明文件	营业执照、税务登记证、组织机构代码证、法定代表人身份证复印件、公司近期财务报表复印件及上年度税务局盖章的纳税清算表或税务局出具的完税证明
	投标报价单	分项报价和总报价
技术部分	联系方式	联系人、联系地址、固定电话、传真、手机、电子邮件
	公司概况	企业背景、注册资金、经营范围、企业组织结构、办公地点、人员情况等
	公司经营现状	近三年的经营业务、业务量、收入情况、经营架构、与区域企业的合作情况或与发标企业的合作情况
	现有服务网点现状和比较优势	服务网点数量、服务网点分布情况概述、服务网点直营与加盟比例、网点经营状况、比较优势
	服务方案	物流服务规划方案设计、服务目标、为达到目标而采取的措施、服务承诺及响应措施
	涉讼情况	近三年公司、法人代表、委托投标人行贿犯罪档案查询结果告知函

第四，将投标书装订成册，在指定时间内送到招标方手中。

第五，认真准备投标答辩。就招标方可能提出的问题做好回答准备，在答辩会上，进一步展示投标方的合理化建议，以及提高服务质量、降低物流服务成本的措施。

 知识链接

物流服务项目投标的注意事项和要点

物流服务项目投标要注意五点：

（1）标书按要求密封；

（2）提前办好保证金；

（3）注意投标、开标的时间节点；

（4）已提交的投标文件可进行个性补充或者更正，也可撤回；

（5）精心准备答辩。

在整个投标过程中，要掌握以下几个时间控制点：

（1）发/卖标书时间。从招标方正式通知开始卖标书到投标日期截止前都可以购买标书，只有购买了标书的公司才有参与投标的资格。

（2）截标时间。在规定的时间前递交投标书，迟到者将被拒绝投标。

（3）开标时间。标书中提到的公开唱标的时间，一般都是在正式截标后不久。

（4）中标确认时间。招标方公布中标单位，并向中标者发出中标通知书。

（5）签订合同时间。

3. 物流项目目标实现

招投标结束后，中标的物流企业将与招标方签订物流服务合同，提供招标方所需要的物流服务。为了使物流项目目标得以实现，需要招投标双方充分交换信息、相互信任、共同协作。在物流服务项目进行的过程中，应对服务的每一阶段进行监督，看物流项目每一阶段的目标是否实现，是否满足招标方需求，是否存在有待改进之处。双方应本着共赢的原则，积极理顺沟通渠道，妥善解决出现的问题，只有这样才能使物流项目的目标得以实现。

同步实训

物流服务项目投标书案例收集

实训形式：

网络调研。

实训内容：

基于所学的物流项目招标以及投标的理论知识进行网络调研，查找某个物流运输项目的投标文件具体的内容组成部分，并了解每个部分具体的内容，最后小组成员对调研结果进行记录，积极讨论并发表个人观点，对物流项目投标书的制作进行心得体会分享，发言提纲要求语言流畅、文字简练、条理清晰。

实训步骤：

（1）全班同学自由分组，每组6～8人。

（2）各组分别进行讨论，明确组内分工。

（3）小组成员按照分工收集某物流运输企业的投标文件，进行分析与讨论。

（4）制作案例报告，总结心得体会。

（5）将心得体会制作成PPT，小组长代表本小组在课堂上进行分享。

实训评价：

任务实训评价表如表5-9所示。

表5-9　任务实训评价表

评价项目	评价标准	分值	教师评价 （70%）	小组互评 （30%）	得分
知识运用	掌握物流项目招标和投标的基本程序	35			
技能掌握	能够对物流运输行业投标书的内容进行完整叙述	35			
成果展示	案例报告排版规范，有完整的架构，PPT概括性、逻辑性强，美观大方	20			
团队表现	团队分工明确，沟通顺畅，合作良好	10			
合计					

项目练习

一、单选题

1.（ ）不属于收集客户资料的方法。

A. 资料分析法　　　　　　　　　　B. 营销人员人际网络拓展法

C. 抽样分析法　　　　　　　　　　D. 合作伙伴推荐法

2. 当客户得到了物流企业提供的良好的、能让他满意的服务时，客户的购后感受大于他的预期收益，这时就会对物流服务商产生好感，从而不断地进行重复购买。我们把这种购买的行为称为（ ）。

A. 习惯型购买　　　　　　　　　　B. 质量型购买

C. 理智型购买　　　　　　　　　　D. 价格型购买

3. 在物流企业投标中，（ ）是一种长期的、战略的、相互渗透的、互利互惠的业务委托和合约执行方式？

A. 转包　　　　B. 分包　　　　C. 外包　　　　D. 代理机构

4. 在约见客户的时候，约见的理由可以是市场调查、走访客户、签订合同、参观展示以及（ ）。

A. 提供服务　　　　　　　　　　B. 交流产品

C. 约见聚餐　　　　　　　　　　D. 赠送礼品

5. 以下对客户服务认识正确的是（ ）。

A. 客户服务就是客户有投诉时进行处理

B. 客户服务不会为公司带来利润，但处理不好会影响公司利润

C. 客户服务是售后服务的一个环节

D. 客户服务包括售前、售中、售后服务

二、多选题

1.（ ）属于物流企业开发新客户的步骤。

A. 收集客户资源　　　　　　　　　B. 接近及识别客户

C. 处理客户异议　　　　　　　　　D. 建立客户资料库

2. 物流企业的营销人员在促成交易阶段要（ ）。

A. 从事实调查及询问技巧中发掘客户的特殊需求

B. 介绍物流服务项目的特性和优点

C. 介绍物流服务项目的特殊利益

D. 介绍本公司的经营理念

3. 关于 MAN 法则识别客户的观点不正确的是（ ）。

A. M 是指 material，是客户的货物

B. 潜在客户有时在欠缺了某一条件（如购买力、购买需求或购买决定权）的情况下，就不能开发

C. N 是指 need，是需求

D. MAN 法则的实质就是识别客户只需要找到客户的关键人物

4. 物流服务陈述三段式包括（　　　）。

A. 行业分析　　　　B. 事实陈述　　　　C. 解释说明　　　　D. 客户利益

三、简答题

1. 物流企业开发新客户的流程是什么？

2. 常见收集客户名单和信息的途径有哪些？

3. 什么是物流服务项目投标？

项目六
物流企业客户服务与关系管理

学习目标

※ 知识目标

理解物流企业客户服务与物流营销及物流企业发展的关系。

掌握物流企业客户服务质量管理的流程，能够列举提高物流企业客户服务质量的方法。

掌握物流企业客户满意度的测评方法和测评步骤。

掌握物流企业客户关系管理的内容、步骤和技巧等。

※ 能力目标

能够运用物流企业客户满意度的测评方法和测评步骤，进行客户满意度测评。

能够进行物流企业客户关系管理技巧调查，并总结物流企业客户关系管理的共性技巧和个性技巧。

能够撰写物流企业客户满意测评报告和物流企业客户关系管理技巧调查报告，并制作PPT演示。

※ 素养目标

拥有稳定乐观的情绪，培养积极进取的精神和坚忍不拔的意志。

 **引导案例**

联邦快递 服务全球

联邦快递是全球最具规模的速递运输公司之一，致力于为全球 220 多个国家和地区的人们提供快捷可靠的速递服务。联邦快递运用覆盖全球的航空和陆运网络，确保分秒必争的货件可于指定时间前迅速送达，并且设有"准时送达保证"。

联邦快递母公司 FedExCorp 专为全球客户及企业提供全面的运输、电子贸易和商业服务。旗下多家公司共同参与市场竞争，并且全部归"联邦快递"品牌统一管理。

2018 年 11 月 6 日，联邦快递在首届中国国际进口博览会上宣布：在中国市场提升一系列进口货物运输解决方案，优化进口货物运输流程，以创新技术、高效服务支持中国进口贸易的发展。作为最早应邀参加进口博览会的跨国公司之一，联邦快递为参展做了充足的准备，推出多项具有创新性的进口物流服务解决方案，让海内外客户都能享有智慧物流带来的采购便利性。

1. 从三方面提升进口运输服务方案

联邦快递参与并见证了中国经济的发展。联邦快递高级副总裁、中国区总裁表示："进口博览会是中国向全球开放市场、促进贸易交流的又一个重大举措，联邦快递非常荣幸能参与其中，向海内外采购商展示公司的综合实力，将有突破性创新的进口物流服务推荐给海内外采购商。"

基于我国市场的特点，联邦快递从简化货物进口流程，利用公司全球网络优势、科技手段、丰富的清关经验出发，提升和拓展了一系列进口货物运输服务方案，具体包括以下三个方面：

第一，增加全新在线进口自动化托运工具。在 fedex.com 上新增的 FedExShip Manager® 进口自动化托运工具使中国的进口商无须拨打联邦快递客服热线，就能直接在线安排进口货件的取件，并灵活选择托运方式，自行控制成本和派送取件速度。进口商可以在线创建进口托运标签和报关文件，且无须共享自己的账户信息便可以和供应商共享资料。对于中国的进口商而言，这是一个完全自动化、高效、简捷的解决方案。

第二，提升"异国取件服务"的响应速度。现在中国的进口商客户在国内拨打联邦快递客服电话，要求从亚太区其他市场收取进口到中国的货件，联邦快递的响应时间从原来的 1～3 天缩短到 2 个小时之内，最快能在当天完成取件转运，次日在国内的收件人就能收到货件。

第三，拓展"进口跨境电子商务解决方案"。联邦快递和海关合作，对跨境电子商务零售（企业对消费者，即 B2C）物品推出"一站式"进口清关解决方案。该方案明显的优势是阳光高效清关、即刻快速转运。无论是跨境电子商务零售进口税收政策限额内还是超过限额的进口货物，最快都能实现当天放行。在大幅度提升货物进口清关效率的同时，还在最短的时间内让电商客户和终端消费者的交易得以完成，让买卖双方都能拥有高效快捷的服务体验。

2. 加强运输网络和基础设施的投入

联邦快递不断加强对运输网络和基础设施的投入，以满足中国客户发展进出口业务的需求。2018 年 1 月，联邦快递正式启用位于上海浦东国际机场的联邦快递上海国际快件和货运中心。该中心总占地面积为 13.4 万平方米，帮助华东地区客户更快捷地连接联邦快递的全球网络，是上海浦东国际机场中最大的同类型设施。

2018 年 4 月，联邦快递开通了一条全新的环球航线，首次连接位于中国广州的联邦快递亚太区转运中心和位于美国孟菲斯的联邦快递全球超级转运中心，以满足亚洲和北美市场之间的运输需求。同年 8 月，公司再次推出全新航线，直接连接位于广州的联邦快递亚太区转运中心和越南首都河内。2017 年，联邦快递在上海新增两条全球航线，连接美国及欧洲主要城市。

3. 优化快递的客户服务信息系统

联邦快递的客户服务信息系统主要有两个：一是自动运送软件；二是客户服务线上作业系统。

为了协助客户上网，联邦快递向客户提供了自动运送软件，利用这个软件，客户可以方便地安排取货日程、追踪和确认运送路线、列印条码、建立并维护寄送清单、追踪寄送记录。而联邦快递则通过这套系统了解客户打算寄送的货物，预先得到的信息有助于运送流程的整合，货舱机位、航班的调派等。客户服务线上作业系统可追溯到 20 世纪 60 年代，得益于当时的航空计算机定位系统。经过几十年的发展和完善，联邦快递通过该信息系统的运作建立起全球的电子化服务网络，利用它的订单处理、包裹追踪、信息储存和账单寄送等功能处理公司的货物信息。

4. 利用信息系统实现客户满意度管理

在联邦快递，呼叫中心成为企业获得客户信息的重要渠道，成千上万的电话让企业倾听到客户的声音，为企业发展业务、创新服务、赢得客户满意提供了机会。联邦快递通过这些信息系统的运作，建立起全球电子化服务网络，成功地实现了客户关系管理。

问题：

1. 联邦快递是如何为客户提供服务的？
2. 物流企业客户服务质量的要素有哪些？
3. 联邦快递是怎样进行客户关系管理的？

任务一　物流企业客户服务管理

一、物流企业客户服务概述

物流企业客户服务是指物流企业为促进其服务的销售，发生在客户与物流企业之间的，围绕着客户所期待的物流服务、所期望传递的时间，以及所期望的质量而展开的相关活动。物流企业客户服务具有无形性、个性化、即时性、需求的波动性四大特征；具有提高销售收入、提高客户满意度、降低流通成本、留住客户四个功能。

做好客户服务工作是构建客户忠诚度的方式。当客户没有特殊需要时，服务工作在企业之间是无差异的，但当客户有特别需要或投诉时，客户服务的艺术性就体现出来了。只要客户的问题得到迅速、妥善的解决，遇到麻烦的客户更可能会成为企业的忠诚客户。

（一）物流企业客户服务标准

物流企业客户服务具有七个服务标准（简称7R），即在合适的时间（Right Time）和合适的场合（Right Place），以合适的价格（Right Price），通过合适的渠道（Right Channel/Way），为合适的客户（Right Customer），提供合适的物流服务（Right Service），满足客户的合适需求（Right Want/Wish）。

（二）物流企业客户服务的检验指标

物流企业客户服务的检验指标包括服务可得性评价、存货百分比、存货损百分比、订货周期和可靠性评价、从客户订货到送货的时间、仓库备货时间、仓库收到的订单与发货的百分比、仓库在规定的时间内把订货送达客户的百分比、最低订货数量、服务系统的灵活性评价、特快发货或延迟发货的可能性、订货的方便和灵活性等。

物流企业做好客户服务管理，必须在整个客户服务过程中进行良好的客户服务质量管理，并实施客户满意度管理，以获取客户忠诚。同时，在客户服务质量管理过程与实施客户满意度管理过程中，企业应通过软件和数据库平台，遵循物流企业客户关系管理的准则，使客户服务的思想渗透到整个企业作业的各个环节并制度化，如图6-1所示。

二、物流企业客户服务质量管理

客户服务质量是物流企业通过提供物流服务达到的服务质量标准、满足客户需要的保证程度、客户感知到的物流服务水平的集合。

（一）物流企业客户服务质量组成

物流企业客户服务质量来源于设计、供给、关系三个方面，在客户心目中形成物流技术质量和物流功能质量，从而使客户在对物流企业的企业形象、物流服务的质量体验

图 6-1　客户服务管理三方面内容紧密联系

的过程中与其对物流服务质量的预期发生综合作用，最终形成客户感知的物流服务质量（见图 6-2）。

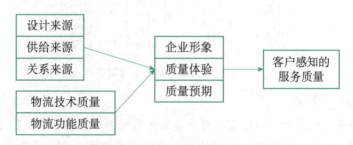

图 6-2　物流企业客户服务质量形成模式

　　物流服务本身的质量标准、环境条件、网点设置、服务设备，以及服务项目、服务时间等是否适应和方便客户的需要等就是物流技术质量。物流技术质量是客观存在的，是物流企业客户服务的结果。物流技术质量可以满足客户的主要需要，通常能得到客户的客观评估，企业也比较容易控制。

　　物流企业客户对服务人员提供服务时的仪表仪态、态度、程序、行为是否满足需求的主观感觉、主观评价就是物流功能质量。物流功能质量是物流企业客户服务过程的质量，可以满足客户的非主要需要，其评估与客户的个性、态度、知识、行为方式等因素有关，还会受到其他客户消费行为的影响，企业较难控制。

　　客户评价物流企业客户服务质量的好坏是根据客户所获得物流服务效果（物流技术质量）和所经历服务感受（物流功能质量）两者结合在一起形成的感受。客户感知物流服务质量还受企业形象、质量体验和质量预期三方面的综合作用。

　　第一，客户在购买物流服务之前，因受到企业所做宣传的影响、其他客户口头传播的影响，以及自己以前接受物流服务的经验，在大脑中已形成对企业形象的初步认识，对自己准备接受的物流服务质量有了比较具体的预期。

　　第二，客户在物流服务提供过程中，会体验到物流企业的服务质量，体验到的服务质量从内容上可分为技术质量和功能质量。

　　第三，客户会把自己在接受物流服务过程中体验到的服务质量与预期的服务质量相比较，从而得出该企业的物流服务质量是优还是劣的结论。

（二）物流企业客户服务质量管理的流程

物流企业客户服务质量管理就是物流企业依据物流系统运动的客观规律，为满足客户的服务需要，通过制定科学合理的标准，运用经济办法开展的策划、组织、计划、实施、检查和监督、审核等所有管理活动的过程。

物流企业客户服务质量管理主要包括两个方面的内容，即质量保证和质量控制。质量保证是物流企业客户服务质量管理的核心，是为维护客户的利益、使客户满意并取得客户信任的一系列有组织、有计划的活动。质量控制是质量保证的基础，是为保证某一工作、过程和服务的质量达到特定标准而采取的有关活动，即将实际的质量结果与标准进行对比，对某些差异采取措施的调节管理过程。质量控制的目标就是确保服务的质量能满足客户、法律法规等方面的要求。

物流企业客户服务质量管理流程如图6-3所示。

图6-3 物流企业客户服务质量管理流程

1. 调研物流服务市场

调研物流服务市场是确定和提高物流企业服务质量的开端和基础。物流服务市场调研的内容包括：（1）确认和测量各种现存的和潜在的市场资源；（2）分析各种市场的特征，包括客户对各种服务的需求、各种服务的功能分析，理想的服务特征，以及竞争状况、市场占有率等；（3）预测各种市场，包括市场成长或衰退的基本动力、客户的趋势与变迁、新竞争性服务业的类型、环境变迁等；（4）分析、确认新的物流服务项目。

2. 设计物流服务项目

物流服务项目的设计是影响客户服务质量的主要因素，优化物流企业的服务设计主要考虑时间效益、成本效益、规模效益和协同运作效益四个方面，如表6-1所示。

表6-1 效益类型和实现效益的途径

效益类型	实现效益的途径
时间效益	通过先进快捷的信息传递技术获得需求信息，并进行准时化生产，以减少库存、缩短库存周期，尽量减少不必要的等待时间，集中运输
成本效益	杜绝浪费，减少运输损坏、废弃、次品，以及通过工序分析和流程再造使无用功最小化、有用功比重增加
规模效益	通过巨大的业务量、物流各部门的活动，在综合层面上进行统一的计划、组织和实施
协同运作效益	通过企业各个运作部门间建立协作关系，明确各个运作部门或相关企业承担的物流活动环节及对应工序的顺序与衔接，并实现信息共享

3. 管理物流服务过程质量

对物流服务过程进行质量管理，可以从以下四个方面进行：

（1）设立管理指标。管理指标是对物流服务活动过程中关键控制因素的反映。企业对于物流服务过程的质量管理应当建立完善的管理指标体系，各种指标应当能够从不同层次、不同侧面反映物流服务过程的质量水平。企业设计的每个指标都应当有明确的目的，应当具有可操作性，尽可能量化，对那些无法计量的关键控制因素，采用定性描述的方法设定指标。

（2）制定管理标准。进行物流服务过程质量管理通常使用历史标准和计划标准两个评价标准。历史标准是将某个指标当前质量水平同企业的历史同期或历史最好水平进行纵向比较，从而掌握其发展轨迹的评价标准，并通过分析找出服务过程质量水平变化的原因，为进一步提高服务过程质量奠定基础。计划标准是将企业实现的服务过程质量水平同计划目标进行比较，以反映计划目标的完成情况，为激励制度的实施提供依据。必要时，还可以根据服务过程的实际水平对计划目标做出修订。

（3）运用管理方法。对物流服务的过程进行质量管理，应当对各指标的具体管理方法做出说明，通过运用科学的管理方法，确保服务过程能够真实反映企业的物流服务水平。在质量管理中，常用的方法有统计法、排列法等。各种方法都有其适用范围和相应的优、缺点，企业应当根据指标的不同特点选用合适的管理方法。

（4）进行绩效分析。市场研发的绩效评价结果必须经过认真、细致、全面的分析，找到各控制因素之间的内在联系，从而对企业物流服务过程质量的现状和发展趋势做出判断。分析的结果应当形成结论性报告，为管理者进行决策提供依据。

4. 持续改进物流服务质量

从物流企业客户服务过程来看，客户服务质量包括交易前客户服务质量、交易中客户服务质量、交易后客户服务质量。物流企业要不断对以下三项内容进行改进：

（1）交易前客户服务质量。交易前客户服务的主要目的是为开展良好的客户服务创造适宜的环境。服务的各项内容，如制定和宣传客户服务政策、完善客户服务组织功能等，能够按客户的要求提供各种形式的帮助。这部分工作直接影响客户对企业及其服务的初始印象，为物流企业稳定持久地开展客户服务打下良好的基础。为此，物流企业应主要从撰写客户服务条款、设计客户服务组织结构、提供咨询服务三个方面把好质量关。客户服务条款要以正式的文字说明形式体现出来，其内容应包括如何为客户提供满意的服务、客户服务的标准、每个职员的责任和义务等。物流企业应根据实际情况设计一个较完善的客户服务组织结构，总体负责客户服务工作，保障和促进各职能部门之间的沟通与协作。为了巩固同客户的合作伙伴关系，企业应开展向客户提供管理咨询服务的业务，如发放培训材料、举办培训班、面对面或利用通信工具提供咨询服务等。

（2）交易中客户服务质量。交易中客户服务主要指发生在物流活动过程中的客户服务行为，这些服务与客户有着直接的关系，并且是企业制定客户服务目标的基础。此阶段的客户服务质量主要通过交货期的保证程度、批量及数量的满足程度、订货信息的及时反馈、订货发货周期的稳定性、特殊货物的运送质量、订货便利性等内容反映。

（3）交易后客户服务质量。交易后客户服务主要是指物流企业在客户接受物流服务后，根据客户要求提供的其他服务，如迅速安装、保修、更换、提供零配件的服务，及时处理客户抱怨，以最快的速度向客户提供最新的信息等个性化、增值性服务。

物流服务过程标准化是指将物流视为一个大系统，加快物流标准化体系的建设，制定系统内部运作的各种机械、装备（包括专用工具、设施等）的技术标准和包装、装卸、运输等各类工作标准，并形成全国通用以及与国际接轨的标准化体系。它对于保障物流运作的通畅、实现管理流程程序化、最大限度地节省投资和流通费用，以及提高服务质量有重要意义。

（三）物流企业提高客户服务质量的方法

物流企业提高客户服务质量要求采用一套科学的程序来处理问题，可按照 PDCAR 管理循环来开展工作，并通过不断循环来达到提高质量管理水平和服务质量的目的。PD-CAR 管理循环是质量保证体系运转的基本方式，如图 6-4 所示。

图 6-4　PDCAR 管理循环

视频：提高物流客户服务质量的方法

物流企业客户服务质量管理的 PDCAR 管理循环，即计划、立即实施、实施中检验、吸取教训后再次行动、备案供以后借鉴，循环往复，推动整个质量工作系统运转。

1. 计划（Plan）

计划是根据客户的要求制定相应的技术指标和质量目标，以及实现这些目标的具体措施和方法。该阶段包括四个工作步骤：（1）分析现状，找出存在的主要问题。（2）找出主要原因。（3）寻找主要问题发生的原因。（4）制订采取措施的计划。

2. 立即实施（Do It）

将制订的计划付诸实施。该阶段只包括一个工作步骤，即按计划实施。

3. 实施中检验（Check It）

对照计划，在实施中检查执行的情况和效果，及时发现问题。该阶段也只包括一个工作步骤，即调查实施效果。

4. 吸取教训后再次行动（Action Again）

根据检查结果采取措施，巩固成绩，吸取教训，防止重蹈覆辙，并将未解决的问题转移到下一次 PDCAR 管理循环中去。该阶段包括两个工作步骤：（1）总结经验，巩固成绩，将工作结果标准化；（2）提出遗留问题并处理。

5. 备案供以后借鉴（Record）

将案例备案，惠及企业中的后来者。

在质量管理工作过程中，五个阶段必须是完整的，一个也不能少。

PDCAR 管理循环具有两大特点：一是每一次 PDCAR 循环都能解决一些问题，能够螺旋式上升；二是备案供以后借鉴阶段为关键阶段，通过把成功的经验和失败的教训纳入标准，就可以防止类似问题的再次发生，企业的质量管理水平就可以不断提高。

三、物流企业客户满意度管理

（一）物流企业客户满意度战略实施

物流企业客户满意度战略的核心思想是：物流企业的全部经营活动都要从满足客户需要出发，以提供满足客户需要的物流服务为企业的责任和义务，以量体裁衣的方式提高客户对企业的总体满意程度，营造适合企业生存发展的良好内外部环境。

物流企业要及时跟踪研究客户对物流服务的满意程度，并以此设定改进目标，调整营销措施，在赢得客户满意的同时，树立良好的企业形象，增强竞争能力。

物流企业客户满意战略的实施包括设计完善的物流服务、建立信息沟通系统、加强对物流服务过程的控制、服务承诺和服务补救五个环节，如图 6-5 所示。

图 6-5 物流客户满意战略实施流程

1. 设计完善的物流服务

客户在准备购买物流服务前就已经形成了自己的想法，包括他们的需求将给自己带来的好处，以及他们所愿意接受的服务形式，这也是人们常说的"客户期望"。售前的营销活动影响客户预期，它与服务过程中的所有活动共同影响客户满意度。

设计符合客户需要的服务是物流企业令客户满意的首要工作。物流企业在进行服务创新时，如果没有把客户需求考虑进去，就很可能失败。服务设计不仅影响客户对物流服务的购买，而且影响员工工作的信心与态度、广告与促销的效果、客户投诉、提供售后反馈服务的成本等，最终影响客户满意度。

物流服务设计包括以下内容：

（1）交易前要素。交易前要素主要是为开展良好的客户服务创造适宜的环境。这部分要素直接影响客户对物流企业及其服务的初始印象，因而，具有完备的交易前要素将为物流企业稳定持久地开展客户服务活动打下良好的基础。交易前要素主要包括：客户服务条例（以正式的文字说明表示为客户提供满意物流服务的途径、客户服务标准、每个职位的责任和义务等）、客户服务组织结构（有完善的组织结构，明确各组织结构内各层次的权责范围、沟通与协作）、物流系统的应急服务、物流服务内容（分为常规性物流服务和增值性物流服务）。

（2）交易中要素。交易中要素是指直接发生在物流过程中的客户服务活动，主要包括：降低缺货频率、减少订货响应时间、稳定订发货周期、保障特殊货物的运送、提供订货便利。

（3）交易后要素。交易后要素即售后服务，是物流企业客户服务中最重要也最容易被忽略的要素。交易后要素主要包括：1）安装、保修、更换及提供零配件；2）及时改善运营中物流服务的服务跟踪监控；3）在线及时有效地处理客户抱怨，并向客户提供最新信息以维护客户的忠诚度。

2. 建立信息沟通系统

物流企业通过各种渠道把信息传递给客户，以影响客户的期望和实际感受，进而影响客户的满意度。这些信息可分为显露信息和隐藏信息。显露信息由物流企业明确、详细地传递给客户，包括广告、推广活动、具体的报价和邮件等。隐藏信息通过潜意识的信号传递给客户，包括服务地点的选址、服务人员的衣着、设施布局等。服务设计人员越是接近客户，直接了解客户的需求，就越能得到有用的反馈信息，越有可能设计出令客户满意的服务。而对客户需求的深入了解，更能帮助服务提供人员不断完善自己提供的物流服务。

3. 加强对物流服务过程的控制

物流企业应坚持对服务过程，尤其是对服务关键节点加强监督和控制，保证服务质量得到持续改进，并由此形成服务优势，建立客户忠诚，由此获得的客户满意度自然较高。在物流服务过程中，服务人员的态度、服务人员的行为对客户满意度的影响至关重要，这些行为主要包括在接待客户及为客户解决问题时要有友好的表现，具备丰富的服务经验，并在服务中关注满足客户的需求等。物流企业在这方面的努力可以通过培训和奖励两方面实现。

4. 服务承诺

服务承诺是指服务提供者通过广告、人员推销和公共关系等沟通方式向客户预示服务质量或效果，并对服务质量或效果予以保证的行为。服务承诺是物流服务广告及各种宣传沟通活动的核心内容。

5. 服务补救

有些服务失误是难以避免的，物流企业需要建立一个有效的服务补救系统：服务失误出现后，物流企业应借助不间断监控服务系统，主动、及时地发现服务失误或其他质量问题；杜绝推诿或扯皮，及时道歉或赔偿，及时、有效地解决服务失误；从质量问题和服务补救中吸取教训，不断完善服务补救系统。这种即时性和主动性的服务补救，能够将服务失误对客户感知服务质量、客户满意和员工满意所带来的负面影响降到最低。主动的、前瞻性的服务补救更有利于提高客户满意度和忠诚度，而处理客户抱怨是在服务结束之后进行的，属于物流企业被动处理。

（二）提高客户满意度的测评方法

物流企业对客户满意度的测评方法主要有客户满意率和客户满意度指数两种。

1. 客户满意率

客户满意率指在一定数量的目标客户中，表示满意的客户所占百分比。这种方法只能处理单一变量和简单现象总体的问题，无法处理多变量和复杂现象总体的问题。

2. 客户满意度指数

客户满意度指数是运用计量经济学的理论来处理多变量的复杂总体，全面、综合地度量客户满意程度的一种指标。它具有三重功能：一是能综合反映复杂现象总体数量上的变动状态，表明客户满意程度的综合变动方向和趋势；二是能分析总体变动中受各个因素变动影响的程度；三是能对不同类别的服务进行趋于"同价"的比较。

对于客户满意率和客户满意度指数的调查主要采用问卷调查法，包括问卷邮寄调查法、面谈调查法、电话调查法、留置问卷法和神秘客户调查法等。其中，神秘客户调查法是聘请专家以一般客户的身份到服务现场，主要采用观察法进行现场服务质量的检查，观察真实发生的行为。这种方法能够观察详尽的服务细节，而不仅是服务结果，获得通过提问方式不能获得的许多信息，避免访问人员受制于口头语言表达能力对采集信息的数量和质量的限制。多数物流企业会综合使用以上几种方法来达到调查目的。有些物流企业甚至会聘请知名的境内外专业调查公司，对本企业的物流服务进行第三方满意度调查，以得出客观评价。

 知识链接

客户满意度

客户满意度是对客户满意的量化测评，要达到客户满意的目标，就要对客户满意度进行研究。客户满意度可以简要地定义为：客户接受产品和服务的实际感受与其期望值比较的程度，既体现了客户满意的程度，也反映出企业提供的产品或服务满足客户需求的成效。客户满意度衡量工作一般通过与客户的互动沟通进行，可以是书面或口头的问卷、电话或面对面的访谈，以及专题小组。客户满意度的数据一般通过对有代表性的客户群体的抽样调查获得，数据搜集后要进行整理分析，并形成客户满意度报告，国内最常用的指标是客户满意度指数（CS）。影响物流企业客户满意度的因素包括：

（1）物流网络能力；

（2）区域性客户服务能力；

（3）存货可得性；

（4）订单状况交流能力；

（5）仓储作业与分拣效率；

（6）运输或配送速度；

（7）运输或配送频率；

（8）交付的一致性；

（9）故障恢复能力；

（10）服务的可靠性；

（11）解决问题的能力；

（12）客服代表的亲和力。

一个物流企业平均每年要流失10%～30%的客户，客户流失最根本的原因是客户不满意。通过对客户满意度的衡量，可以明确客户服务的改进方向，提高客户的满意度和忠诚度，防止客户流失。

（三）物流企业客户满意度测评步骤

物流企业客户满意度测评的基本指导思想是：物流企业的整个经营活动要以客户满意

度为指针，要从客户的角度、用客户的观点而不是企业自身的利益和观点来分析、考虑客户的需求，尽可能尊重和维护客户的利益。

物流企业客户满意度的测评步骤如图6-6所示。

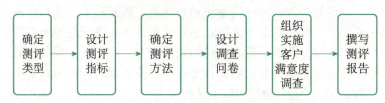

图6-6 物流企业客户满意度的测评步骤

1. 确定测评类型

（1）专用型测评。专用型测评是专门为某一特定企业或品牌所设计的，功能强、针对性强，常被物流企业采用。

（2）通用型测评。通用型测评获得的信息或数据的综合性和系统性强，基本架构普遍适用，测评的结果能跨行业、跨地域比较。但针对某一行业或品牌而言，它获得的信息或数据不如专用型测评详细、具体，针对性也不强。

2. 设计测评指标

提供不同物流服务的物流企业，其客户满意度测评的指标设计也不同。物流企业客户满意度测评的指标设计应遵循全面性、代表性、独立性、效用性四项原则。

3. 确定测评方法

可根据实际情况选用询问调查法、现场观察法、实验调查法、资料分析法等调查方法。在实际调查中，可根据调查问题的性质决定采用何种方法，也可以同时采用几种方法。

4. 设计调查问卷

设计调查问卷是客户满意度调查测评中的一个关键环节，问卷设计的偏差会影响测评实施的准确性和有效性。由于问卷是和客户直接"见面"的，问卷的设计是否能被客户较容易地理解，客户是否乐于接受调查并正确表达意见，将影响客户满意度测评的准确性。因此，物流企业设计客户满意度测评的调查问卷应遵循以下基本原则：（1）所有结构变量应正确地转化为测评变量；（2）测评变量可以适当地分解成若干具体的调查问题；（3）调查的问题应以选择题、填空题等封闭式题型为主；（4）问卷结构设计应有利于客户答题时保持逻辑性和系统性；（5）比较复杂的问题要有一定的指导说明语。

5. 组织实施客户满意度调查

物流企业发放客户满意度调查问卷并回收，统计相关数据，并运用SPSS软件进行深入分析。

6. 撰写测评报告

撰写测评报告必须坚持三大原则：一是客观公正、实事求是；二是以调查信息为基础、用数据说话；三是科学评价和分析。物流企业客户满意度测评报告的内容通常应包括测评的背景和目的、调查测评工作的实施概况、调查测评指标的设置说明、调查和抽样方法的说明、测评结论、主要测评变量与客户满意度之间的关联程度、主要测评变量与客户忠诚度之间的关联程度、对客户评价的各种分层分析、客户对物流服务的认知程度分析、客户潜在需求的调查分析、服务质量和各服务环节存在的问题分析、服务质量改进的建议。

同步实训

物流企业客户满意度测评实训

实训形式：

企业调研。

实训内容：

在百县万品助农帮扶中心蔬菜直供基地项目上，银川智慧冷链物流有限公司与义乌市市场发展集团有限公司一直紧密联系并合作着。银川智慧冷链物流有限公司作为汇创资本的子公司，主要从事生鲜食品的采购、储存、分拣、加工和配送等业务，一直以来致力于通过"安全采购＋网络平台＋冷链配送＋线下实体＋线上服务"的全产业链服务模式，打造设施先进、上下游衔接、功能完善、标准健全的农产品冷链物流服务体系。为了提高服务质量，该企业准备进行一次客户满意度调研，其中银川智慧冷链物流服务的四类客户有：超市供应商、超市配送中心、连锁餐饮配送中心、生鲜电商企业。请根据上述情境，为该企业设计一份调查问卷。

实训步骤：

（1）全班同学自由分组，每组 6～8 人。

（2）各组分别进行讨论，明确组内分工。

（3）小组成员查找网络或书籍资料，收集该物流企业的背景资料，为其设定测评标准。结合调查主题和该物流企业的实际情况，为该企业设计一份调查问卷。

（4）进行问卷调查与统计，并进行测评结果分析。

（5）根据测评分析结果撰写测评报告，并按照规范的格式排版。

（6）制作 PPT，小组长代表本小组在课堂上进行分享，教师点评。

实训评价：

任务实训评价表如表 6-2 所示。

表 6-2　任务实训评价表

评价项目	评价标准	分值	教师评价（70%）	小组互评（30%）	得分
知识运用	掌握物流企业客户服务质量管理的流程，掌握物流企业客户满意度测评方法及步骤	35			
技能掌握	能够运用物流企业客户满意度测评方法开展客户满意度测评	35			
成果展示	客户满意度测评报告有完整的架构，排版规范，PPT 概括性、逻辑性强，美观大方	20			
团队表现	团队分工明确、沟通顺畅、合作良好	10			
合计					

任务二　物流企业客户关系管理

一、物流企业客户关系管理概述

（一）物流企业客户关系管理的概念

客户关系管理（Customer Relationship Management，CRM）就是把物流的各个环节作为一个整体，从整体的角度进行系统化的客户关系梳理，在物流企业的层面选择企业的客户、不断优化客户群，并为之提供精细的服务。

物流企业客户关系管理是从"以产品为中心"向"以客户为中心"转变过程中的必然产物，是一个获取、保持和增加可获利客户的过程。客户关系管理使企业的关注焦点从企业内部运作扩展到与客户的关系上来。物流企业通过建立先进的管理思想及技术手段，将人力资源、业务流程与专业技术进行有效整合，使得企业可以更低成本、更高效率地满足客户的需求，最大限度地提高客户满意度及忠诚度，挽回失去的客户，保留现有的客户，不断发展新客户，发掘并牢牢把握住能给企业带来最大价值的客户群。

（二）物流企业客户关系管理的意义

客户关系管理有助于物流企业了解自身的经营情况，帮助物流企业准确发现本企业的盈利客户和具有盈利潜力的客户，分析客户所需服务倾向，帮助物流企业开发适应客户需求的新服务，为物流企业争取客户提供有力的保障。

1. 提升客户满意度，有效满足客户需求，促进利润增长

实施客户关系管理，物流企业能将客户的所有信息、企业销售人员状况统一纳入管理，并通过积极主动的方式获取完整、准确、及时的客户信息，可以为企业各级管理人员和业务人员提供工作支持，建立销售人员的管理体系，实现横纵向之间的客户信息沟通；可以根据客户生命周期分类管理客户资源，为物流企业制定相应的销售管理策略、技术准备等提供支持；可以充分分析新客户带来的销售机会和老客户的潜力，促进利润的增长。

2. 建立良好的客户关系，降低物流成本

与一般的服务行业不同，物流行业服务的客户不是商品或服务的最终消费者，而是各种企业，既有生产领域的企业，也有流通领域的企业。物流企业与客户建立良好关系，不仅意味着稳定的客户资源，也意味着更可观的利润空间。当物流企业与客户间形成紧密的战略合作伙伴关系时，对物流服务的要求就不仅限于运输仓储的可靠性、存货可得性等，还要求物流成本与客户的生产、营销等成本的总和，即总成本达到最小。两方面的因素促使物流企业与客户间必须形成紧密合作、相互依存的关系，这就无形中降低了物流企业的成本，提高了利润率。

3. 维护客户，获得长期利润

争取一个新客户的成本是维持一个忠诚老客户的 5～7 倍。更重要的是，长期的业务关系也能够给企业带来长期稳定的巨大利润，美国联邦快递的做法就是一个很有说服力的

例子。在联邦快递看来，虽然公司的一个客户一个月只带来 1 500 美元的收入，但如果着眼于将来的话，假如客户的生命周期是 10 年，那么这个客户可以为公司带来 180 000 美元（＝1 500×12×10）的收入。如果考虑到口碑效应，一个满意的、愿意和公司建立长期稳定关系的客户给公司带来的收益还会更多。

4. 有利于提高物流服务水平，提升客户满意度

物流活动的目的在于向客户提供及时准确的产品递送服务，是一个广泛满足客户时间效用和空间效用需求的过程。接受服务的客户始终是形成物流需求的核心和动力，如果客户的期望得不到充分满足，物流工作也就毫无意义可言，更没有存在的必要。所以客户的好恶决定着公司的未来，物流企业必须为客户提供高品质的服务，让客户满意。而客户关系管理的出现有利于提高物流服务水平，提升客户满意度。

5. 有利于改进和完善物流企业内部文化

客户关系管理作为一种新型管理思想和理念的代表，要求物流企业贯彻以客户为中心的战略，强调以人为本的理念，使全体员工围绕着客户这一中心协调合作，并强调集成的团队精神，从而使企业管理流程和机制发生重大变化，突出管理者和员工的能动性、积极性和创造性，有利于企业树立追求超越、不断前进的企业精神。这种着眼于满足客户需求、尊重客户、对客户负责、精益求精的企业文化将带动物流企业长期、稳定、快速地发展。

二、物流企业客户关系管理的内容

（一）检测客户关系价值

检测客户关系价值，即根据客户历史记录和过去行为检测其价值。通过客户最近购买量、购买频率、购买金额和终身价值分析，我们可以检测、预测和跟踪客户长期价值，可以使管理效果达到潜力极限。同时，我们也可以使用客户满意指数来跟踪未来价值，因为任何满意度下降的行为都可能是未来表现拙劣的指示器。三种客户关系价值检测和分析方法如表 6-3 所示。

表 6-3　物流企业客户关系价值检测和分析方法

方法	工作内容	相关应用
最近购买量 购买频率 购买金额	把三者结合起来，为每个客户计算积分	识别最有价值客户/可能的背叛者；预测不同价位、不同激励对客户购买倾向的影响；辨别销售时机
终身价值	基于客户购买历史或购买行为、客户保持率、总计划花费等来预测客户在一段时间内带来的净现值	预测客户终身价值；决定新计划成功的可能性；检测获得新客户对保持客户销售投资的影响
客户满意度指数	设定一些标准，对客户评价取样，提供单个客户满意度定量检测方法	检测客户对服务的满意度；预测客户未来的购买需求和购买倾向

按照物流企业客户关系价值，可以将物流企业客户按 ABC 分类法，分为 A 类客户、B 类客户和 C 类客户并区别对待（见表 6-4）。

表 6-4　按 ABC 分类法对客户进行分类

客户层次	客户数比重/%	创造利润比重/%	服务档次
A 类客户（关键客户）	5	80	高
B 类客户（合适客户）	15	15	中
C 类客户（一般客户）	80	5	低

1. A 类客户

A 类客户，又称重点客户或关键客户，其数量仅占物流企业客户总数的 5% 左右，而为企业创造的业绩（销售额、利润额）占企业总数比重为 80% 左右。客户价值的上升空间很大，对物流企业利润贡献最大。对于这类客户，物流企业要重点关注，尽量满足其需求。

2. B 类客户

B 类客户，又称合适客户。这类客户的数量一般仅占物流企业客户总数的 15% 左右，而为企业创造的业绩（销售额、利润额）占企业总数比重同样为 15% 左右。对于这类客户，物流企业要适当关注，在现有条件下满足其需求。

3. C 类客户

C 类客户，又称一般客户。这类客户的数量一般占企业客户总数的 80% 左右，而为企业创造的业绩（销售额、利润额）占企业总数比重为 5% 左右。对于这类客户，物流企业维持一般的服务即可。

（二）给客户完美体验

与客户进行方便、亲切、个性化的沟通，让客户更方便，对客户更亲切，为客户提供个性化的服务，同时能快速响应客户的需求，这样才能给客户完美的体验，物流企业的商机才能迅速增加，企业的规模也才会逐步壮大起来。

（三）维护客户的忠诚

在客户忠诚收入模型（见图 6-7）中，转化指增加购买活动，交易指提升忠诚计划功能，价格指维持价格点的能力，频率指客户购买的频率，客户保持能提高客户存在的时限，总收入指忠诚带来的总收入。客户忠诚收入模型说明客户忠诚对物流企业的效益做出了较大的贡献，维护客户忠诚极其重要。

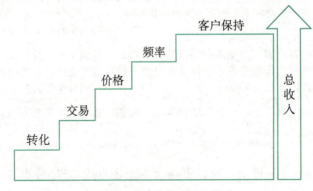

图 6-7　客户忠诚收入模型

增加客户忠诚需要采取激励和奖励措施，如表 6 - 5 所示。

表 6 - 5　增加客户忠诚采取的激励和奖励措施

激励与奖励	描述	应用
累计折扣	对忠诚度影响较小	推动物流服务产品特定渠道的销售，适合于销售流通慢的物流服务产品
批量折扣	多做促销用，容易转换，对忠诚度有一定的作用	鼓励客户购买，满足特定设计的物流工具满负荷工作
积分点	有累计效应，客户积极收集点数影响企业长期行为	根据积分分级促销，识别达到特定积分的客户，鼓励其购买

（四）整合物流企业资源与客户资源

1. 整合数据的分析与组织，克服信息障碍

强调整合数据的分析与组织的作用，从而在整合的基础上细分客户群，确立清晰的以利润为基础的客户价值群，以开展更丰富、更可衡量的物流市场营销活动。

2. 集成各种客户渠道

将客户服务、网络、市场营销、销售等客户渠道整合成物流营销门户。不论客户选择以何种方式与物流企业发生关系，都能得到始终如一的、有价值的体验。如物流企业允许客户选择电话、Web 访问等多种方式与企业联系，客户不论通过哪种方式与企业联系，都能在短时间内得到统一、完整和准确的服务。物流营销人员也可以通过这一门户，更全面地了解客户。

3. 提供客户支持、售后服务的自动化和优化

如进行客户服务人员管理、物流方案的售后跟踪、投诉记录、现场服务的预约与调度、服务结果跟踪、备件管理、服务合同管理、服务收费自动核算等服务，有利于帮助物流企业提供有竞争力的售后支持和维护服务。

4. 通过合作伙伴关系管理为最终用户增值

合作伙伴关系管理即实施通过提升企业的合作伙伴网络来更好地服务最终客户的战略。合作伙伴关系管理使得企业能够与其间接渠道（如分销商和增值商等）更好地合作，把他们与最终客户希望的增值目标结合在一起，这些增值目标表现在价格、整体质量、交易的轻松程度等许多方面。这样既可以从间接渠道获得收益，减少服务投入市场的时间；也可以提高交易效率，使库存水平和最终客户的需求更加透明化，并能改进服务的设计。

三、物流企业客户关系管理的技巧

（一）使用物流企业客户关系管理技术

物流企业客户关系管理技术主要有三种：运营型客户关系管理技术、分析型客户关系管理技术、协作型客户关系管理技术。其中运营型客户关系管理技术主要为物流客户呼叫中心；分析型客户关系管理技术主要为数据挖掘或数据仓库；协作型客户关系管理技术主

要包括电子邮件、电话、传真、网站页面等。

呼叫中心是提供给客户最方便的沟通方式，是物流企业客户服务工作成功开展的一个关键。它是基于电话、传真机、计算机等通信、办公设备的交互式增值业务系统，是一个集语音技术、呼叫处理、计算机网络和数据库技术于一体的系统。客户可以通过电话接入、传真接入、Modem 拨号接入和访问 Internet 网站等多种方式进入系统，在系统自动语音导航或人工座席的帮助下访问系统的数据库，获取各种咨询服务信息或完成响应的事务处理。由于它可以简单方便地获取信息，大大提高了物流企业的服务质量，增强了竞争力，减少了管理开支，而且它可以 24 小时为客户提供礼貌而周到的服务，因此受到人们的普遍欢迎。

数据挖掘是指从大型数据库中提取人们感兴趣的知识。这些知识是隐性的、事先未知的有用信息，提取的知识表现为概念、规则、规律、模式等。物流企业客户关系管理中的数据挖掘就是利用数据挖掘理论和技术创建描述和预测客户行为的模型，以帮助企业实现有效的客户关系管理。

电子邮件已成为普遍存在的通信和交流方式。其优势体现在：电子邮件具有开放性、及时性的特点，而且成本较低。

（二）建立个性化联系

物流企业通过 E-mail、QQ、呼叫中心、网络社区、在线客服系统等工具与客户进行个性化联系并及时了解各客户群的特点，以及他们的真正需求，从而为客户提供更有针对性的服务，提高物流服务的效率（见表 6-6）。

表 6-6　与客户进行个性化联系的方法和内容

个性化联系的方法	个性化联系的内容
向样本客户询问他们的选择	收集到的信息可以帮助物流企业增加对已有和潜在客户选择的了解
客户提交兴趣报告	客户描述，有助于与客户进行相关性交流
综合购物数据	跟踪客户购物史和服务档次，了解他们的需求，向他们提供高相关性的建议和推荐信息
综合客户服务	跟踪客户提出的每个问题，可提高将来与客户进行交流的频率
建立模型进行分析	对客户进行分析并建立模型，以更好地了解客户，预测他们未来的行为

（三）完善物流服务营销策略

1. 售前服务策略

（1）进行客户识别管理。对客户的需求进行分析，利用物流企业客户 ABC 分类法对客户进行分类，并对不同的客户准备好不同的服务策略、措施和标准。

（2）发布服务信息和相关知识，培养消费需求。设置通畅的渠道，如积极发布信息，介绍服务特色、宣传物流知识、培养购买观念等，让客户了解服务方案信息，同时为客户资料保密，增强客户的购买信心，提高其满意度。

（3）利用网络展示服务形象，激发购买欲望。物流作为一种服务，无法满足购买者实际接触商品的需求，可利用网络展示服务过程、流程，使购买者全面了解、深入感受服务的存在。

2. 售中服务策略

售中服务策略侧重于进行客户关系管理。

（1）开展定制营销，满足个性化需求。对于一些业务可以根据客户自主决策进行组装，在不影响服务性能和物流技术允许的情况下，设计多种备选方案，给客户提供个性化的选择。

（2）建立实时沟通系统。建立及时、快捷的信息沟通系统，可使企业的各种信息及时地传递给客户，消除客户的顾虑，增强客户的信任。这就需要加强与物流购买者在文化、情感上的沟通，并随时收集、整理、分析客户的意见和建议。例如：快速高效的货物踪迹查询系统可以即时地向客户报告，这就向客户传递了一种可靠的信息。

（3）提供个性化服务。个性化服务包括：服务时空的个性化，在客户希望的时间和地点得到服务；服务方式的个性化，根据客户需要物流的服务特色来进行服务；服务内容的个性化，根据不同客户、不同需求提供不同的服务。

3. 售后服务策略

（1）进行客户保持管理。

1）建立客户数据库，积极管理客户关系。企业应重视已有的、潜在的客户资源，建立客户数据库，积极主动地管理客户关系，提高客户的忠诚度。

2）提供良好的自动服务系统，提高客户满意度。在客户购买物流服务后的最后一个阶段，即评估阶段，满意程度取决于其实际的效用和其预期的效用的差额或比值。

所以，给客户一个合理的预期效用，并尽量使其充分认识到实际所得效用都是很重要的。在售后服务中，自动适时地提供客户服务是提高客户满意度的重要途径。

（2）进行客户流失与挽留管理。据调查，对客户服务不好，将造成94％的客户流失；没有解决客户的问题，将造成89％的客户流失；每个不满意的客户，平均会向9个亲友叙述不愉快的经历；在不满意的客户中有67％的客户要投诉；通过较好地解决客户投诉，可挽回75％的客户；服务及时、高效且表示出特别重视客户，尽最大努力去解决客户投诉的，将有95％的客户还会继续接受服务；吸引一个新客户是保持一个老客户所需费用的6倍。因此，物流企业进行客户流失与挽留管理是非常必要的。

具体来说，物流企业客户流失与挽留管理的方法主要有以下几种：

1）进行预防。物流企业应从提供良好的客户服务着手，尽量为客户提供令其满意的服务。

2）正确处理客户投诉。道歉并承认错误，用跟进、确保客户满意的方式来弥补他们。

3）通过邮寄、发邮件或打电话等方式对流失的客户进行调查。了解客户流失的原因及一些可能导致客源流失的问题。客户因物流企业能花时间了解他们的需求而觉得备受重视，从而增加重新购买该公司物流服务的可能性。

同步实训

运用 ABC 分类法进行客户关系管理

实训形式：

模拟演练。

实训内容：

浙江开亚国际供应链有限公司成立于 2005 年，是义乌首批国家 AAA 级物流企业，是一家综合型外贸服务企业。公司立足义乌，为义乌众多中小企业提供进出口业务一条龙服务。开亚国际以互联网在线平台为依托，集产品信息展示、物流服务、第三方验货、跟单、融资、国内外通关、进出口代理等服务为一体，秉承客户至上、诚信第一的服务理念，力争成为整个浙中地区外贸综合服务的领导者。

开展调研，了解当前浙江开亚国际供应链有限公司在客户服务方面存在的问题，并进行汇总。尝试运用 ABC 分类法为浙江开亚国际供应链有限公司进行客户关系管理。每位同学对调研结果进行记录，并积极讨论，发表个人观点，认真完成实训内容发言提纲。要求语言流畅，文字简练，条理清晰。

实训步骤：

（1）全班同学自由分组，每组 6～8 人。

（2）各组分别进行讨论，明确组内分工。

（3）按照分工进行资料收集、整理、讨论并设计调查问卷。

（4）提交自行设计的调查问卷。

（5）各组分别选一代表在班级内展示本小组问卷，并进行发言。

实训评价：

任务实训评价表如表 6-7 所示。

表 6-7　任务实训评价表

评价项目	评价标准	分值	教师评价（70%）	小组互评（30%）	得分
知识运用	掌握物流企业客户关系管理的内容、步骤和技巧	35			
技能掌握	能够运用 ABC 分类法对物流企业进行客户关系管理	35			
成果展示	问卷调查报告所列问题明确，目的和目标分析准确，排版规范，有完整的架构，PPT 概括性、逻辑性强	20			
团队表现	团队分工明确、沟通顺畅、合作良好	10			
合计					

项目练习

一、单选题

1. 在客户关系管理中，客户的满意度是由（　　）两个因素决定的。

A. 客户的期望和感知　　　　　　　　B. 客户的抱怨和忠诚

C. 产品的质量和价格　　　　　　　　D. 产品的性能和价格

2. 物流企业实施客户关系管理的最终目的是（　　）。

A. 把握客户的消费动态

B. 做好客户服务工作

C. 针对客户的个性化特征提供个性化服务，极大化客户的价值

D. 尽可能多地收集客户信息

3. 在客户关系管理中，（　　）不是客户忠诚的表现。

A. 对企业的品牌产生情感和依赖

B. 重复购买

C. 即便对企业产品不满意，也不会向企业投诉

D. 有向身边的朋友推荐企业产品的意愿

4. 物流企业客户服务是指物流企业为促进其服务的销售，发生在客户与物流企业之间的，围绕着客户期待的物流服务、期望的传递时间以及期望的（　　）而展开的相关活动。

A. 质量　　　　　　B. 数量　　　　　　C. 服务层次　　　　　D. 服务水平

5. 物流企业客户服务具有"（　　）个合适"服务标准，即在合适的时间和合适的场合，以合适的价格，通过合适的渠道，为合适的客户提供合适的物流服务，满足客户的合适需求。

A. 7　　　　　　　B. 8　　　　　　　C. 6　　　　　　　　D. 9

6. 物流企业客户服务的主要内容包括服务咨询、订单处理、（　　）、技术培训等。

A. 客户投诉处理　　B. 客户评价　　　　C. 客户维护　　　　　D. 客户选择

7. 物流企业客户服务质量的形成主要来源于三个方面：（　　）、供给来源和关系来源。

A. 设计来源　　　　B. 研发来源　　　　C. 调查来源　　　　　D. 生产来源

8. 物流企业客户服务质量一般包括两个方面的内容：为实现客户需求而使用的物流技术质量和（　　）。

A. 物流功能质量　　　　　　　　　　B. 物流体验质量

C. 物流研发质量　　　　　　　　　　D. 物流外观质量

二、多选题

1. 对物流服务活动过程进行质量管理，可以从（　　）等方面进行。

A. 设立管理指标　　　　　　　　　　B. 制定管理标准

C. 运用管理方法　　　　　　　　　　D. 进行绩效分析

2. 客户服务质量包括（　　）。

A. 交易前客户服务质量　　　　　　　B. 交易中客户服务质量

C. 交易后客户服务质量　　　　　　D. 交易时客户服务质量

3. 物流企业客户关系管理包括（　　）等方面的内容。

A. 检测客户关系价值　　　　　　　B. 给客户完美的体验

C. 维护客户的忠诚　　　　　　　　D. 整合物流企业资源与客户资源

三、简答题

1. 物流企业客户的完美体验与物流企业的发展有什么关系？

2. 如何理解物流企业客户关系管理？

项目七
物流企业营销管理

学习目标

※ 知识目标
熟悉物流企业战略计划、作业计划的主要内容。
熟悉物流企业营销控制的基本流程和方法。
了解物流企业营销绩效评估的原则、基础性工作、步骤。
掌握平衡计分卡法、360 度考核法的原理及应用。

※ 能力目标
能够有效执行物流企业的作业计划。
能够熟练开展物流企业营销。
能够运用平衡计分卡法、360 度考核法对物流营销进行绩效考核。

※ 素养目标
树立目标意识，养成敢拼不服输的狼性精神。

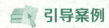 **引导案例**

看顺丰初期营销管理　见企业之成长

顺丰是一个鲜见广告宣传的快递企业，但就在这种低调中，顺丰默默地拿到了最多的业务，成为许多客户的首选快递公司。

将顺丰打造成拥有如此强大吸引力的企业的原因，就是每位员工对客户高品质的服务。实际上，快递产业的服务非常不好判定或者划分等级。不同的客户对不同的派件员有完全不同的看法，就算是相同的派送员、相同的言谈举止，不同的客户也可能会有完全不同的评价，因此想要让所有客户满意是不可能的。为了尽力在服务方面做到最好，顺丰开辟了高科技的完整服务系统。就算快递员态度不够好，没有做到全程微笑服务，客户仍然可以从这套系统中感受到顺丰作为民营快递领头羊的实力。

顺丰服务系统包括员工以最快的时间收发货物、客户可以在网上全程把控货物的运送情况等服务，让客户感到非常贴心。尽管别的快递公司也采取了类似的做法，但它们往往做得不如顺丰精细。不少客户在对比之后发现，许多快递只能查询到货物在几个小时前甚至前一天的动向，但是在顺丰的系统上，客户可以清晰地了解到自己的货物现在正处于什么位置，处于运送过程中的哪个环节。

快递是带有服务性质的，员工能够给客户提供怎样的服务，决定着客户未来的选择方向。做服务行业的人都知道，客户在细节上享受到的体验，能够成为该服务行业超越同行的决定性竞争力。最终决定客户如何选择的，是那些看似微不足道的一点一滴。因此，在客户感受方面，顺丰会比其他公司多考虑一些。每当货物安全送达收件人处后，工作人员都会再停留5分钟。在这5分钟里，他们会将刚才收件的时间和收件人姓名仔细记录下来，随后发送给寄件者。这不仅让客户更加安心，还能够及时发现是否出错，方便立刻追回货物。

除此之外，顺丰的客服部门也显得井井有条。这个部门的工作人员全是年轻的女孩，并且统一着装。她们在各自的小隔间里工作，戴着耳机耳麦，整齐划一，尽管各自都在轻声说话，却没有特别凌乱的感觉，反而给人留下严谨整肃的印象。

随着一体化服务系统的日益完善，顺丰要求员工们提供更优质的服务。服务是客户与员工的交流，优质的服务能够给客户留下良好的印象，加强客户对顺丰的依赖度，同时还能得到客户及时的反馈，从而有益于顺丰的不断前进。比如顺丰在构思顺丰优选时，就非常注意它的配送系统。而今的顺丰优选，每次送货都是一位驾驶员加上一位客户经理的人员配备，硬件设施则提供了可以冷藏、冷冻、零度保鲜的机器。到达小区门口时，由客户经理将货物放入保鲜包之中，送达收货人处。但这还不是一次配送的结束。随后，客户经理会拿出标配的iPad，客户可以通过iPad进行收货处理，同时还能在体验产品之后立即给出反馈。

有位客户在使用顺丰优选后表示："配送的员工是蓝衣黑裤的打扮，还配备了非常时尚的背包，一下子就让我有种走在了时尚前沿的感觉；送货员诚恳地要求我开箱验货，确认货物质量，让我感觉非常舒心，一些快递企业的员工在送货时根本不让验货，一对比，高下立现；每名送货员还配一名司机，两人一同来为我送货，让我有种优越感；当我在输入密码时，送货员会自动转身，我也感到放心；收货完毕之后，送货员还拿出iPad让我给出评价和确认收货，太方便了！"

如今随着人们生活水平的提高，越来越多的人并不那么看重商品本身，而是更追求周到的服务以及使人心情愉快的消费体验，为此多花点钱也没有关系。为了应对这样的要求，顺丰不惜投入重金提高送货员的素质，培训送货员可能用到的各种技能。

问题：

1. 顺丰初期的营销组织模式是怎样的？
2. 顺丰初期营销管理的过程控制主要体现在哪些方面？

任务一　物流企业营销计划、组织和控制

一、物流企业的营销计划

（一）物流企业营销计划的概念

物流企业营销计划是指物流企业为实现其营销目标而制定的一系列未来营销活动的具体规划。具体来说，物流企业营销计划就是确定物流企业未来的营销目标是什么，要采取哪些措施实现营销目标，要在什么时间和范围内实现这一目标，由谁来执行这一计划等一系列决策过程。

制订营销计划可以使物流企业的营销工作有条不紊地推进，从而避免营销活动的盲目性。

（二）物流企业营销计划的类型

物流企业营销计划包括目标和实现目标的手段两方面内容，可分为战略计划和作业计划。

1. 物流企业营销战略计划

物流企业营销战略计划是指物流企业根据外部市场营销环境和内部资源条件制定的涉及企业营销管理各方面的长远发展规划。

物流企业营销战略计划涉及营销组织中具有全局性、长远性和根本性的问题，是物流企业营销管理思想和管理方针的集中体现，是物流企业其他各种营销计划的总纲。其只规定总的发展方向、基本策略和具有指导性的政策、方针。

一般来说，物流企业营销战略计划包括以下内容：

（1）时间期限。战略计划属于长期计划，期限根据不同物流企业的具体情况而定，一般为 3 年以上。

（2）环境分析。环境分析包括物流市场发展趋势、技术发展、竞争者的发展状况等。

（3）公司自身分析。包括对人才结构、产品结构、资本结构和市场竞争力等的分析，特别是要分析物流企业的优势和劣势。

（4）拟定目标。行之有效的目标要能够以市场为导向，具有必要的方针措施，要有可行性和挑战性。

（5）制定具体战略。包括制定公司增长战略、产品战略和市场战略。

2. 物流企业营销作业计划

物流企业营销作业计划是实现物流企业营销战略计划的具体步骤，是物流企业各项营销活动的执行性计划。这一计划具有很强的可操作性，内容比较细致、具体。

按范围划分，物流企业营销作业计划可分为总体营销计划和专项营销计划。其中，总体营销计划是对物流企业营销活动进行的综合性规划。它是制订各种专项营销计划的依据，包括物流企业的总体营销目标以及为实现总体营销目标而制定的策略和主要行动方

案。专项营销计划是指为解决某类特殊问题或销售某一物流服务而制订的计划，如品牌计划、定价计划、市场计划、渠道计划、促销计划等。专项营销计划通常内容比较单一，涉及面较窄。

物流营销作业计划是实现战略计划的具体步骤，主要包括以下几个方面：

（1）计划概要。计划书的第一部分，便应对本计划的主要目标及执行方法和措施做简明扼要的概述，要求高度概括、言辞准确、表达充分。这部分内容的主要目的是让高层主管很快了解计划的核心内容，并据以检查、研究和初步评价计划的优劣。

（2）当前市场营销状况。营销状况是正式计划中的第一个主要部分，即提供有关市场、产品、竞争、分销及宏观环境方面的背景资料。

（3）威胁与机会。要求营销管理人员对产品的威胁和机会做出预测，并加以具体描述。这样做的目的是使物流企业管理人员可预见到那些将影响物流企业兴衰的重大事态的发展变化，以便采取相应的营销手段或策略，求得更顺畅的发展。

（4）确立物流企业的目标。在分析了产品和服务的威胁和机会之后，应确立物流企业的目标，并对影响目标的相关问题加以考虑和论证。对已经确立的物流企业目标，进一步以具体的指标体现出来。一般要确定两类目标：一是财务目标，如确定长期投资收益率、年利润率等目标；二是营销目标，可以用量本利分析法去揭示如何通过营销目标实现财务目标。

（5）营销策略。参见前面介绍的 4Ps 策略、7Ps 策略、服务营销策略等。

（6）行动方案。营销策略必须转化为具体的行动方案，主要内容包括：将要完成什么任务？什么时候完成？由谁负责完成？完成这项任务的成本是多少？以上问题的每项活动都需要详细列出行动方案，以便于执行和检查，使行动方案循序渐进地被执行。

（7）预算利润表。这部分主要说明所预期的财务收支的情况。收入方列入预计营业服务的数量和平均价格，支出方列出物流费用、储运费用及其他营销费用。收支间的差额为预计的利润（或亏损）。物流企业的高层主管将核查预算，并评价和修正预算。预算一经批准，便成为制订计划、原料采购、生产安排、人员招聘和营销活动的依据。

（8）控制。计划的最后一部分为控制，以此来监督、检查整个计划进度。目标和预算都应该按月或季度分别制定。这样，物流企业的高层主管就可以审查每一时期物流企业各部门的成绩，并及时发现未完成的目标业务，督促未完成任务的部门改进工作，以确保营销计划的实现。

（三）物流企业营销计划的实施

制订物流企业营销计划的步骤一般包括分析现状、确定营销目标、拟订备选方案、确定方案和编写营销计划书，如图 7-1 所示。

视频：SMART
原则

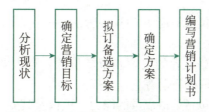

图 7-1　制订物流企业营销计划的步骤

1. 分析现状

制订物流企业营销计划的首要环节是分析现状，即对物流企业当前的经营状况进行分析和评估，以识别市场机会。该环节主要包括以下三个方面：

（1）物流市场营销状况分析。物流市场营销状况分析的内容主要包括物流市场情况、物流服务情况、竞争情况、营销渠道情况和宏观环境形势等。

（2）机会和威胁分析。在物流市场营销状况分析的基础上，物流企业应进一步分析企业面临的机会与威胁，以便采取相应的市场营销策略，求得更好的发展。

（3）市场预测。在前两个方面分析的基础上，物流企业应对物流市场的规模、发展趋势、供求变化规律等进行预测，以便选择更合理的目标市场。

2. 确定营销目标

物流企业应依据自身的条件和实力，制定出切合实际、富有挑战性的营销目标。物流企业在确定营销目标时，应注意以下几点：（1）目标应逐层确定；（2）目标应尽量量化；（3）目标应是可实现的；（4）各个目标之间应协调一致，不能相互矛盾。

3. 拟订备选方案

物流企业应根据营销目标拟订备选方案，在备选方案中详细、具体地说明物流企业应该做什么、应由谁做、如何做、何时做、何时完成等。

4. 确定方案

在拟订备选方案之后，物流企业应根据营销目标和各种限制条件，权衡各个备选方案的利弊，挑选出既满足目标要求又符合条件的方案作为执行方案。

5. 编写营销计划书

制订营销计划的最后一步就是编写营销计划书，它是对整个营销计划的文字说明。

（四）物流企业营销计划书的内容

物流企业营销计划书的内容主要包括以下几个方面。

1. 计划概要

计划概要是对营销目标、执行方法和措施的简要介绍，要求高度概括、言辞准确、表达充分。其目的是便于管理者迅速了解该计划的主要内容，抓住计划的要点，并初步评价该计划的优劣。

2. 背景和现状

背景和现状是营销计划书正文的第一个部分，其内容主要包括物流市场情况、物流服务情况、竞争情况、营销渠道情况和宏观环境形势等。

（1）物流市场情况主要包括市场范围和市场占有率的大小，细分市场的数量和各细分市场的销售额，客户需求和购买行为，客户对物流服务的知晓度和满意度，客户的建议等。

（2）物流服务情况主要包括销售增长率、平均价格、成本、营销费用、利润率及其变动情况。

（3）竞争情况主要包括竞争者的规模和市场份额，竞争者的营销目标、营销组合策略，竞争者的意图和将要采取的行动等。

（4）营销渠道情况主要包括渠道成员的能力、地位及其变化情况。

（5）宏观环境形势即经济环境、技术环境、政治环境、法律环境、文化环境等的变化情况。

3. SWOT 分析

SWOT 分析是指对物流企业的优势和劣势、外部环境的机会和威胁等进行全面分析和评估。

4. 营销目标

营销目标通常包括提高市场占有率、销售额、利润率、投资收益率、客户知晓度，扩大分销覆盖面等。

5. 营销策略

营销策略是完成计划目标的主要营销途径和方法，其内容主要包括目标市场、营销组合、营销费用等。

6. 行动方案

物流企业对每项营销活动都要列出详细的行动方案，以便执行和检查。行动方案的主要内容包括人员配置、目标分解、资源分配、时间要求等。在行动方案中，应尽可能详细地将任务和责任分配到个人或团队。

7. 预算

预算是计划期内物流企业营销活动预计成果的数字表现，具体包括销售收入预算、销售费用预算和利润预算等。

8. 控制

营销计划书的最后一部分是对计划执行过程的控制。典型情况是将计划规定的目标和预算按月分解，以便于企业管理者进行监督与检查，从而确保营销计划顺利完成。

物流企业营销计划书编写完成并经审核批准后，便成为营销组织在一定时期内的行动纲领。

二、物流企业营销组织

（一）物流企业营销组织的概念

物流企业营销组织是指物流企业为了实现营销目标、制订和实施营销计划而建立起来的部门或机构。

营销计划的落实必须通过营销组织来进行。没有高效运行的营销组织做保证，物流企业将计划制订得再完美，都可能无法达到预期目的。因此，建立与物流企业内外部环境相适应的营销组织，是确保物流企业顺利实施营销计划的保证。

（二）物流企业营销组织的目标

1. 对市场变化做出快速反应

物流企业营销组织必须能够对目标市场的变化做出快速、积极的反应，以便及时调整相应的营销活动。

2. 使市场营销效率最大化

物流企业营销组织要充分发挥协调和控制职能，明确各部门的权利和责任，最大限度地调动各部门的积极性，以确保市场营销效率最大化。

3. 维护客户利益

现代物流企业的经营观念是以客户为中心的，物流企业的一切营销活动都应围绕客户进行，而营销组织正是这一载体。因此，维护客户利益，避免客户利益受损，是物流营销组织的目标之一，这也符合物流企业的长远利益和根本利益。

(三) 物流企业设计营销组织的步骤

物流企业在设计营销组织时一般要经历以下六个步骤，如图 7 - 2 所示。

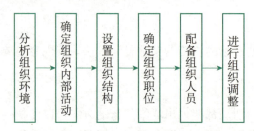

图 7 - 2　物流企业设计营销组织的步骤

1. 分析组织环境

所有营销组织都是在不断变化的营销环境中运行的，其营销活动受到各种环境因素的制约。由于环境是物流企业不可控的因素，因此，营销组织必须进行环境分析，并根据环境的变化情况进行调整。此外，营销组织作为物流企业的一部分，受到整个企业的影响，因此在分析组织环境时，也应关注物流企业的变化情况。

2. 确定组织内部活动

营销组织内部活动主要有两种类型：一种是职能性活动，涉及营销组织的各个职能部门。物流企业在制定战略时要确定各个职能部门在营销组织中的地位，以便开展有效的竞争。另一种是管理性活动，涉及管理任务中的计划、协调和控制等方面。

3. 设置组织结构

物流企业应依照营销组织所处的环境和活动内容设置合适的组织结构。物流企业在设置组织结构时必须注意两个问题：(1) 把握好分权化程度，即将权力分散到什么程度才能使上下级之间更好地沟通；(2) 确定合理的管理宽度，即确定每个上级能够有效管理的下级人数。

4. 确定组织职位

物流企业在确定组织职位时，应考虑职位类型、职位层次和职位数量，明确各个职位的权力、责任及与其他职位的相互关系。职位类型要与营销组织的需求及内部条件相吻合。职位层次是指职位在组织中地位的高低，要对应一定的职位职能。职位数量是指企业建立的组织职位的合理数量，与职位层次密切相关。一般来说，职位层次越高，辅助性职位数量也就越多。

确定组织职位的最终结果就是形成工作说明书。工作说明书是对组织中各个职位的权力和责任的规定，包括名称、职能、职责、职权、与组织中其他职位的关系、与外界人员的关系等。

5. 配备组织人员

物流企业应根据工作说明书，从受教育程度、工作经验、个性特征和身体状况等方面综合考虑，合理配备每个职位的人员。

6. 进行组织调整

受外部环境变化和组织人员变动等的影响，物流企业需要经常检查营销组织的运行状况，并及时调整，使之与企业内外部环境相适应。

 知识链接

并入京东物流后，德邦越来越赚钱了

2022 年，德邦迎来发展史上的转折点——被京东物流收购。此后，德邦如何与京东集团、京东物流实现优势互补、相互融合，其一举一动，备受关注。

归入京东麾下后，德邦依旧保持着业务和运营的独立性，注重人才培养、关爱一线快递员等优良的传统依然得以保持，高管团队迎来了部分调整，逐渐趋于市场化。德邦管理层平均年龄 31 岁，在公司的平均工作时间超过 6 年，其中核心中高层管理团队平均年龄 37 岁，在公司的平均工作时间已超过 12 年。

报告期内，德邦与京东体系正在仓储、供应链以及科技等方面进一步加大业务渗透，并为德邦提升核心竞争力赋能。这已是如今的德邦实现长期增长的第二条曲线。

报告期内最受关注的事件在 2022 年 6 月 30 日，德邦发布公告显示，与京东物流拟签订《资产转让协议》，约定公司及其控股子公司将以合计不超过 1.06 亿元（不含税）的自有资金购买京东物流及其控股子公司 83 个转运中心的部分资产。此番交易有助于实现双方的资源整合及优势互补，提升运作效率，从而增强德邦的竞争力。

不难看出，京东与德邦的融合已进入加速期。仅在 2023 年，双方合作预估交易金额为 30.38 亿元，而 2022 年双方业务合作金额仅为 5 745 万元。

长远来看，京东不断为德邦的大件快递带来物流的增量，使其在大件快递市场的优势地位得到巩固。与此同时，得益于京东物流在技术、末端、中转等方面的加持，德邦的时效、服务有望更上一层楼。

2023 年 7 月 19 日，京东商家通知平台京麦发布通知，当用户购买了超出京东快递揽收范围的超长、超重商品，为解决其因售后自行寄回等造成的相应问题，京东上线了德邦和京东快运上门取件服务。

三、物流企业营销控制

物流企业营销计划在实施过程中，或因营销环境发生了变化，或因实施行为产生了偏差，总会发生预测以外的情况。因此，物流企业有必要对营销活动进行控制，以确保营销计划能顺利、有效地进行。

（一）物流企业营销控制的概念

物流企业营销控制是指物流企业对营销计划实施情况进行监督、检查，并针对实施过程中发现的问题采取纠正措施，以确保营销目标得以实现的过程。

物流企业营销控制在营销管理中的作用主要有两个：（1）检验作用，即检验各项营销

工作是否按预定计划进行，营销计划是否合理；（2）调整作用，即对营销计划和实际营销活动进行调整，使两者协调一致，从而达到预期的营销效果。

（二）物流企业营销控制的步骤

物流企业营销控制一般包括以下七个步骤，如图 7 - 3 所示。

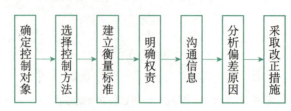

图 7 - 3　物流企业营销控制的步骤

1. 确定控制对象

物流企业的目标决定着一切营销活动的方向，用来说明计划的最终目的。营销控制的实质是为了实现物流企业目标而进行的计划过程的延伸，它的目的在于确保执行结果与计划目标一致。

2. 选择控制方法

上级主管对下级营销部门的控制方法主要有两种：

（1）直接控制。通过合同协议和所有权分享进行控制。

（2）间接控制。通过传递信息与竞赛来贯彻物流企业精神。

3. 建立衡量标准

在控制机构实施有效的控制职能之前，必须建立一套与之相适应、有客观依据的衡量标准。衡量营销工作的标准必须根据物流企业自身的情况来定，一般由营业额、利润、营销渠道、市场占有率和其他相关事项组成。

4. 明确权责

为了更好地贯彻物流企业目标，物流企业必须明确各部门及其负责人的职责范围。

5. 沟通信息

在物流企业的营销业务中，信息系统的支持是非常重要的，必须建立一套有组织的、完整的信息系统。它是开展营销活动的必要条件，能使物流企业有效地发现存在的问题和有利的发展机会，也能对业务过程进行控制。

6. 分析偏差原因

物流企业应把实际工作成果和确定的目标进行比较，发现其是否产生偏差。如果出现偏差，就必须寻找原因，及时采取措施进行纠正。

7. 采取改正措施

评价效果是控制程序的最后一步，是对前期工作的最后评定，为下一步工作做准备。即使本期工作结束，控制程序也不能结束，它是没有终点的，是一个建立、评价不断往复循环的过程。

（三）物流企业营销控制的方法

物流企业营销控制的方法关系到控制工作的质量，控制方法是一个不断更新和发展的过程。根据控制的目的、侧重点和运用范围的不同，营销控制主要有年度计划控制、盈利能力控制、效率控制和战略控制四种，方法各异，如表7-1所示。

表 7-1 物流企业营销控制类型

控制类型	主要负责人	控制目的	主要控制方法
年度计划控制	最高主管部门经理	检查计划目标是否实现	营业分析、市场占有率分析、营销费用率分析、财务分析、客户满意度分析
盈利能力控制	营销控制主管人员	检查盈亏情况	各产品、区域、目标市场、销售渠道等盈利水平分析
效率控制	部门经理、营销控制主管人员	评价和提高分项费用的效率和效益	营业人员、广告、促销和分销的效率分析
战略控制	最高主管、营销审计员	检查物流企业在营销策略方面是否正在寻找最佳机会	营销有效性评价手段、营销审计、社会效益评价

1. 年度计划控制

年度计划控制是指物流企业根据年度计划监控营销效果，并采取改进措施，确保营销计划顺利实施的控制方法。进行年度计划控制的目的在于保证物流企业实现年度计划中的销售目标、利润目标和其他目标，物流企业可以采用以下四种方法分析年度计划的执行情况：

（1）销售分析。销售分析是指对实际销售量与预定目标值之间的差距和产生差距的原因进行分析，具体有差距分析和个别分析两种。差距分析主要用于分析品牌、价格、售后服务、销售策略、销售区域等因素对销售差距的影响程度。个别分析是在差距分析的基础上，对引起差距的因素进行分类考察。例如：某物流企业在A、B、C三个地区的计划销售量分别为1 500单位、500单位和2 000单位，实际销售量分别为1 400单位、525单位和1 075单位，与计划的差距分别为6.67%、+5%、−46.25%。可见，引起销售差距的原因主要是C地区的销售量未达标，因此，应进一步查明C地区销售量未达标的原因，加强对C地区营销工作的管理。

（2）市场占有率分析。在造成销售差距的多种原因中，竞争是一个十分重要的原因。物流企业对市场占有率进行分析，可以了解自身在市场竞争中所处的地位。

市场占有率分析的步骤如下：

1）选择衡量标准。衡量市场占有率的标准主要包括总体市场占有率、可达市场占有率和相对市场占有率等。其中，总体市场占有率是指物流企业的销售额占整个行业销售额的百分比，可达市场占有率是指物流企业的销售额占企业所服务市场销售额的百分比，相对市场占有率是指物流企业的市场占有率与同行业中最大竞争者的市场占有率之比。

2）收集相关资料。一般来说，总体市场占有率的资料容易获取。可达市场占有率的资料较难获取，物流企业必须一直留意其目标市场的变化。相对市场占有率的资料最难获取，因为竞争者一般将销售额作为机密而不公开。

3）分析市场占有率的变动情况。物流企业可以从客户渗透率、客户忠诚度和价格选择性等方面分析市场占有率的变动情况。其中，客户渗透率是指购买本企业物流服务的客户占该物流服务所有客户的比率，客户忠诚度是指客户购买本企业物流服务的数量占这些客户购买同类物流服务总量的比率，价格选择性是指本企业物流服务的平均价格与其他企业物流服务的平均价格的比率。

（3）营销费用分析。年度计划控制要求在保证实现销售目标的前提下，确保营销费用不会超标。一般可通过分析营销费用率（营销费用与销售额的比率）来进行营销费用分析。营销费用率主要有五种：营销人员费用与销售额之比、广告费用与销售额之比、促销费用与销售额之比、市场调研费用与销售额之比、销售管理费用与销售额之比。

物流企业应密切监控这些营销费用率的变动情况。营销费用率出现小幅波动是正常现象，但如果营销费用率的波动超过正常幅度，就应该迅速查明原因，并采取有效措施加以控制和纠正。

（4）客户满意度分析。客户满意度分析是指物流企业通过建立专门机构，分析客户、物流中间商和营销系统中其他参与者对物流企业及其服务的态度，来评价企业营销绩效的过程。

通过上述分析，物流企业如果发现营销实绩与年度计划指标差距较大，则必须采取调整措施，如减少供应量、降价、对推销人员增加压力、削减附加开支、减员、减少投资等。

2. 盈利能力控制

盈利能力是指物流企业利用现有资源或资产获取利润的能力。盈利能力控制的主要环节是进行盈利能力分析，即通过对财务报表的有关数据进行分析，把所获利润分摊到不同的物流服务地区营销渠道或市场等因素上，从而衡量每种因素对企业最终获利的贡献大小及获利能力的高低。这些可以用销售利润率、总资产报酬率、资本收益率和物流服务周转率等指标来衡量。

盈利能力分析的步骤如下：（1）确定各种活动（如销售、推广、包装、仓储、运输等）所引起的职能性费用；（2）将职能性费用分配给不同的物流服务、地区、营销渠道或市场；（3）编制各种损益表，如地区损益表、渠道损益表、市场损益表等，并对各表进行分析。

3. 效率控制

效率控制是指物流企业对其在销售人员、广告、促销和分销等方面的工作绩效进行评估，并找出提高自身管理效率的途径的活动过程。效率控制主要包括以下几个方面：

（1）销售人员效率控制。销售人员效率控制指标包括每个销售人员每天的平均推销访问次数、每次推销访问的平均时间、每次推销访问的平均收益、每次推销访问的平均成本、每次推销访问的招待费、每一百次推销访问的订单百分比、每个时期新的客户数、每个时期丢失的客户数、推销人员费用占总费用的百分比等。

（2）广告效率控制。广告效率控制指标包括广告媒体所触及的每千位目标客户的广告成本、客户对广告内容和有效性的意见、广告前后客户态度的变化、受广告所激发的客户询问次数等。物流企业可以采取一系列措施来提高广告效率，如明确广告目标、选择合适的广告媒体、设计更有吸引力的广告语等。

（3）促销效率控制。促销效率控制指标包括按促销价格出售的物流服务数量占总销售量的百分比、优惠券回收的百分比、单位销售额的促销成本、促销引起的客户咨询增加次数等。物流企业应分析不同促销手段的效果，并采取最有效的促销手段。

4. 战略控制

物流市场竞争激烈，营销环境复杂多变，原定的市场营销目标、战略、策略等往往显得不合适，甚至失去效用。因此，物流企业必然要对市场营销战略实施过程实行战略控制。战略控制是指在年度计划控制、盈利性控制以外的，带有物流企业全局性营销活动意义的控制。其目的是确保物流企业营销战略和计划与动态变化的市场营销环境相适应，从而促进物流企业协调、稳定发展，其控制的主要手段是市场营销审计。

市场营销审计是对物流企业或业务单位的营销环境、目标、战略、组织等方面进行的一种带有整体性、系统性、独立性和定期性特点的检查评比方法，以发现营销机会、找到营销的薄弱环节，提供改善营销工作的行动计划，从而提高物流企业的营销成效。营销审计通常由物流企业外部一个相对独立、富有经验的机构进行，通常包括市场营销环境审计、市场营销组织审计、市场营销系统审计、市场营销年度计划审计、市场营销盈利水平审计、市场营销职能审计、市场营销战略审计。

同步实训

物流企业营销计划案例收集

实训形式：

企业调研。

实训内容：

选择一家物流企业，收集该企业的相关信息，并分析以下内容：1）该企业建立了什么样的营销组织？营销计划的执行情况如何？2）该企业运用了哪些营销控制方法？控制效果如何？3）如果存在问题，该企业应采取哪些措施加以解决？

实训步骤：

（1）全班同学自由分组，每组 6~8 人。

（2）各组分别进行讨论，明确组内分工。

（3）选择一家物流企业，查找相关资料。

（4）将小组实训结果制作成 PPT，小组长代表本小组在课堂上进行分享。

实训评价：

任务实训评价表如表 7-2 所示。

表 7-2 任务实训评价表

评价项目	评价标准	分值	教师评价（70%）	小组互评（30%）	得分
知识运用	掌握物流企业营销计划的概念，掌握营销组织的概念和模式，掌握营销控制的概念和方法	35			
技能掌握	对物流企业营销计划、组织和控制的分析合理、准确	35			
成果展示	物流企业营销计划调研报告结构、排版规范，有完整的架构，PPT 概括性、逻辑性强，美观大方	20			
团队表现	团队分工明确、沟通顺畅、合作良好	10			
合计					

任务二 物流企业营销绩效评估

一、物流企业营销绩效评估概述

有效的物流企业营销绩效评估和控制，对资源的监督和配置是非常必要的。物流企业营销要维持高绩效，绩效评估是必须的。因为物流营销活动与厂商、批发商、零售商活动过程中的产品、订货以及运营费用等密切相关。物流绩效评估对一个物流企业的成功有着显著的影响。在物流企业组织内部，高层管理者往往通过制定预算或编制计划等方式，对下级责任者设定绩效标准，而后进行业绩计量，据此反映实际执行情况，对此做出绩效评估。

(一) 物流企业营销绩效评估的意义

物流系统的管理在实施过程中需要耗费大量的人力、物力和财力，面对来自管理、组织和产品的风险，因此必须要进行严格的核算和绩效评估，才能实现物流企业资源和社会资源的最大化应用。有效的绩效评估体系，可以为物流系统在管理过程中解决以下四个方面的问题：

(1) 评价物流企业原有的物流系统，发现原有物流系统的缺陷并提出改进措施。

(2) 评价新构造的物流系统，监督和控制物流系统的运营效率，充分发挥物流系统管理的作用。

(3) 作为物流系统业务流程重组的评价指标，建立基于时间、成本和绩效的物流系统优化体系。

(4) 寻找物流系统约束和建立有效的激励机制的参照系，同时建立节点物流企业和标杆物流系统体系的基准。

(二) 物流企业营销绩效评估的基础工作

物流企业要进行营销绩效评估，必须完善一系列基础工作，包括责任中心的划分、绩效评估指标的确定、内部转移价格的合理确定、绩效评估报告的编制以及奖惩制度的制定等。

1. 合理划分责任中心，明确规定权责范围

实施物流绩效评估制度，首先要按照分工明确、责任分明、业绩便于考核的原则，合理划分责任中心。其次要依据各个责任中心的特点，明确规定其权责范围，使每个责任中心在其权限范围内，独立自主履行其职责。

2. 定期编制责任预算，明确各责任中心的考核标准

编制责任预算，使物流活动的总体目标按各责任中心进行分解、落实和具体化，并以此作为它们开展日常物流经营活动的准则，确定评价其工作成果的基本标准。考核标准应当具有可控性、可计量性和协调性等特征，即其考核内容只应为责任中心能够控

制的因素；考核指标的实际执行情况，要能比较准确地计量和报告，并能使各个责任中心在完成物流活动总目标的过程中，明确各自的目标和任务，以实现局部与整体的统一。

3. 区分各个责任中心的可控与不可控费用

对各个责任中心工作成果的评价与考核，应仅限于能为其工作好坏所影响的可控项目，不能把不应由它负责的不可控项目列为考核项目。为此，要对物流企业所发生的全部物流成本——判别责任归属，分别落实到各个责任中心，并根据可控费用来科学地评价各责任中心的业绩。

4. 合理制定内部转移价格

为了分清经济责任，便于正确评价各个责任中心的工作成果，各责任中心之间相互提供的产品、劳务或服务，应该根据各责任中心经营活动的特点，合理地制定内部转移价格，并据此计价结算。物流企业所制定的内部转移价格，必须既有利于调动各方面开展物流活动的主动性、积极性，又有助于实现局部和整体之间的目标统一。

5. 建立、健全严密的记录、报告系统

建立记录报告系统就是要建立一套完整的日常记录、计算和考核有关责任预算执行情况的信息系统，以便为计量和考核各责任中心的实际经营业绩提供可靠的依据，并能对实现各责任中心的实际工作业绩起反馈作用。一个良好的报告系统，应当具有相关性、适时性和准确性等特征，即报告的内容要能适应各级管理人员的不同需要，只列示其可控范围内的有关信息；报告的时间要符合报告使用者的需要；报告的信息要有足够的准确性，保证评价和考核的正确合理性。

6. 制定合理而有效的奖惩制度

要求对每个责任中心制定一套既完整又合理有效的奖惩制度，根据其实际工作成果的好坏进行奖惩，做到功过分明、奖惩有据。制定奖惩制度要注意以下几个方面：

（1）奖惩制度必须结合各责任中心的预算责任目标制定，体现公平、合理、有效的原则。

（2）要形成严格的考评机制，包括建立考评机构、确定考评程序、审查考评数据、依照制度进行考评和执行考评结果。

（3）要把过程考核与结果考核结合起来。即把即时奖惩与期间奖惩结合起来，一方面要求在绩效评估过程中随时考核各责任中心的责任目标和执行情况，并根据考核结果即时奖惩；另一方面要求一定时期结束后，根据预算的执行结果，对各责任中心进行全面考评，并进行相应奖惩。

（三）物流企业营销绩效评估的步骤

物流活动进行了一段时间后，需要对成本-效益情况进行评估，以便发现问题，及时反馈。物流企业营销绩效评估的实施步骤如下：

1. 确定评估组织机构

评估组织机构直接组织实施评估活动，负责成立评估小组。如果需要，评估组织机构还可选聘相关专家作为评估工作的咨询顾问。参加评估工作的成员应具备如下基本条件：具有较丰富的物流管理、财务会计、资产管理等专业知识，熟悉物流企业营销绩效评估业

务，有较强的综合分析判断能力；评估工作的主持人应有较长时间的经济管理工作经历，并能坚持原则，秉公办事。

2. 制定评估工作方案

由评估工作组制定评估工作方案，确定以下内容：

（1）评估对象：不同的物流企业可能经营不同的物流业务，因此必须首先确定物流企业的具体物流环节，明确评估工作的对象。对物流企业进行营销绩效评估时，评估对象就是整个物流企业。

（2）评估目标：物流绩效评估目标是整个评估工作的指南和目的。不同评估目标决定了不同的评估指标、评估标准和评估方法，其报告形式也不相同。

（3）评估指标：评估指标是评估对象对应于评估目标的具体考核内容，是评估方案的重点和关键。评估指标可分为物流作业评估指标、物流企业评估指标等。

（4）评估标准：营销绩效评估标准取决于它的评估目标，常用的评估财务绩效的标准是年度预算标准、竞争对手标准等。

（5）评估方法：有了评估指标和评估标准，还要有一定的方法对评估指标和标准进行实际运用，以取得公正合理的评估结果。在财务绩效评估中常采用定量方法。

（6）报告形式：根据评估目标，确定最终需要形成的绩效报告形式，如成本-服务报告、趋势报告等。

（四）物流企业营销绩效评估的基本原则

在进行物流企业营销绩效评估的过程中，需要牢牢把握以下原则：

1. 整体性原则

绩效评估应该反映整个物流系统的运营情况，而不仅仅反映单个节点物流企业的运营情况。在设计评价指标和标准时，一定要着眼于整体最优化原则，不能因为某一单位个体的最优化而损害整体的利益。

2. 动态性原则

绩效评估不仅是事后的分析，更重要的是通过物流绩效评估，对未来时期的情况进行预测，并做出关键趋势判断，提出合理、正确的建议。

3. 例外性原则

物流活动涉及面广，内容繁多，通过评估，要能发现例外情况的存在，并使之与其他活动区别开，使报告的使用者把注意力集中到少数严重脱离预算的因素或项目上来，从而对这些需要解决的特定活动或作业进行更具深度的评估。

物流企业按照上述步骤和原则进行营销绩效评估，可真正发现问题，起到帮助决策的作用。

二、物流企业营销绩效评估方法

按评价方法和结果的客观程度划分的物流企业营销绩效评估方法如表 7-3 所示；按评价的工具和对象划分的物流企业营销绩效评估方法如表 7-4 所示。

表7-3 按评价方法和结果的客观程度划分的物流企业营销绩效评估方法

客观评估方法	劳动定额法（工作标准法）
	关键绩效法（关键事件法）
	平衡计分卡法
	行为锚定等级评估法
	行为观察量表法
	目标管理法
	量表考核法
	强迫选择法
	标杆法
	360度考核法
主观评估方法	描述法（要素评语法、表格描述法、描述表格法）
	序列法
	排序法
	强制分布法
	图示标尺定位法
	等差尺度法
	负绩效考核法
	差距分析法
	书面叙述法
	分级法
	小组评价法

表7-4 按评价的工具和对象划分的物流企业营销绩效评估方法

图解式评估方法	图解式考评法
	图表评价法
着眼目标和事件评估方法	目标管理法
	关键绩效法
排序和比较评估方法	强制分布法
	排序法
	配对比较法
	基准评估法
	对照评估法
针对行为的评估方法	行为锚定等级评估法
	行为观察量表法
综合评估方法	360度考核法
	综合评估法

各种方法都有自己的特点和适用范围，没有最好的绩效评估方法，只有最适合的绩效评估方法。在某物流企业中使用有效的体系可能并不适用于另一个物流企业。即使同一个物流服务项目中，不同阶段适用的评估方法也不同。因此，物流服务项目应该根据评估的目的、评估的侧重点、项目小组的规模与性质、项目成员的知识层次、物流企业所处的经营环境等来选择合适有效的评估方法。在评估过程中，评估者不应该只局限于使用单一的评估方法。

下面重点介绍物流企业营销绩效评估中常用的平衡计分卡法和 360 度考核法。

（一）平衡计分卡法

平衡计分卡法是分别从财务、客户、内部业务、学习与创新四个指标体系制定绩效目标和绩效测评指标，并以此对团队绩效进行管理和测评的方法。由美国哈佛大学的卡普兰教授和诺顿教授提出。针对传统的以财务指标为主的绩效评估系统，平衡计分卡法强调非财务指标的重要性，通过对财务、客户、内部业务、学习与创新四个各有侧重又互相影响的方面的业绩评价来沟通目标、战略与物流企业经营活动的关系，实现短期利益与长期利益、局部利益与整体利益的均衡，如图 7-4 所示。

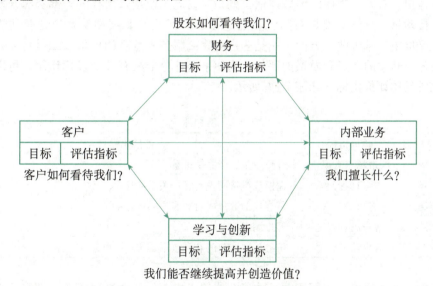

图 7-4 平衡计分卡系统指标的有机联系

借鉴平衡计分卡的基本原理，建立与现代物流企业制度相适应的物流企业绩效评估体系，可以从股东、经营者等角度，从物流组织效率、竞争能力、盈利能力、职工工作效率等方面，全方位、综合性地评价物流企业的核心竞争力，反映整个物流企业的运作效率。

1. 基于平衡计分卡法的物流企业综合绩效评估

依照平衡计分卡法的框架，对物流企业业绩评价可以从四个方面进行：

（1）财务指标评价。平衡计分卡法保留财务方面的内容，是因为财务指标对表述可计量的经济结果是有价值的。财务业绩指标能反映物流企业的策略、业绩对净利润的提高是否具有帮助，以及物流企业战略及其执行对于股东利益的影响。由于物流企业的主要财务目标涉及盈利、股东价值实现和增长，因此，平衡计分卡法相应地将其财务目标表现为生存、成功、价值增长三个方面，如表 7-5 所示。

表 7-5　财务指标评价

目标	评价指标	可量化模型
生存	现金净流量	物流业务进行中的现金流入－现金流出
	速动比率	(流动资产－存货)/流动负债
成功	权益净利率	净利润/平均净资产
价值增长	相对市场份额增加额	物流业务在规定的评价期内业务增加额/在规定的评价期内同行业总收入的增加额

　　财务层面的绩效评估涵盖了传统的绩效评估方式，但是财务层面的评价指标并非唯一的或最重要的，它只是物流企业整体发展战略中不可忽视的一部分。例如：现代物流企业的整体发展战略立足于长期发展和获利的能力，并非只盯着近期的利润。

　　(2) 客户评价。物流企业经营活动的开展，不仅是为了获得财务上的直接收益，而且还要考虑战略资源的开发与保持。这种战略资源包括外部资源和内部资源两种。其中，外部资源即客户。对客户层面的绩效评估，就是对物流企业赖以生存的外部资源开发和利用的业绩进行衡量。具体来说是对物流企业进行客户开发的业绩和从客户处获利能力的衡量。这种评价主要考虑两个方面：一是客户对物流服务满意度的评价；二是物流企业的经营行为对客户开发的数量和质量的评价。为使平衡计分卡法有效地发挥作用，可以把这些目标转化成具体评价指标，如表 7-6 所示。

表 7-6　客户评价

目标	评价指标	可量化模型
市场份额	市场占有率	客户数量、产品销售量
保持市场	客户保持率	保留或维持同现有客户关系的比率
拓展市场	客户获得率	新客户的数量或对新客户的销售额
客户满意	客户满意程度	客户满意率
客户获利	客户获利能力	份额最大客户的获利水平、客户平均获利水平

　　(3) 内部业务评价。内部资源是物流企业赖以生存的一个重要资源，即物流企业具有的内部业务能力，包括产品特性、业务流程、软硬件资源等。物流企业的内部业务能力包括如何保持持久的市场领先地位、获得较高的市场占有率的关键技术与策略、营销方针等，物流企业应当清楚自己具有哪些优势，如高质量的服务、优越的区位、雄厚资金的来源、优质的物流管理人员等。这是物流绩效评估体系中最能反映其行业特色的，需要结合物流企业特点和客户需求共同确定。具体评价目标和指标如表 7-7 所示。

表 7-7　内部业务评价

目标	评价指标	可量化模型
价格合理	单位服务价格	每单位服务价格
可得性	服务可得性	服务供应比率、服务完成率

续表

目标	评价指标	可量化模型
绩效	速度、一致性、灵活性、故障与恢复	完成服务周期速度 按时完成率 异于合同要求满足时间
可靠性	按时完成率、对服务延迟的提前通知、服务延迟的发生次数	按时完成次数/总业务数 服务延迟通知次数/服务延迟次数 服务延迟的发生次数
硬件配置	网络化（采用 IT、MRP 等物流管理系统的客户）	使用网络化管理的客户数/所有客户数
软件配置	优秀人员（完成常规任务的时间、质量、专业教育程度）	雇员完成规定任务的时间 雇员完成规定任务的差错率 接受过专业物流教育的雇员数/雇员总数

（4）创新与学习评价。虽然客户层面和内部层面已经着眼于物流企业发展的战略层次，但都是将评价重点放在物流活动现有的竞争能力上，而创新与学习层面则强调了物流企业不断创新，并保持其竞争能力与未来的发展势头，因此无论是管理层还是基层职员都必须不断地学习，不断地推出新的物流产品和服务，并且迅速有效地占领市场。

对于业务不断地学习和创新会不断地为客户提供更多有价值的产品和服务，减少运营成本，提高物流企业的经营效率，扩大市场，找到新增附加值的机会，从而增加股东价值。物流企业创新与学习的评价目标和指标如表 7-8 所示。

表 7-8　创新与学习评价

目标	评价指标	可量化模型
信息系统方面	员工获得足够信息	成本信息及时传递给一线员工所用时间
员工能力方面	员工能力的提高，激发员工的主观能动性的创造力	员工满意率 员工保持率 员工的培训次数
调动员工积极性	激励与能力指标	员工建议数量 员工建议被采纳或执行的数量
业务学习创新	信息化程度、研发投入	研究开发费增长率 信息系统更新投入占销售额的比率/同行业平均更新投入占销售额的比率

2. 平衡计分卡法的运用程序

（1）确定物流企业的目标及策略。物流企业的目标要简单明了，且对每一部门都有意义。

（2）成立平衡计分委员会或小组。该组织负责解释物流企业的目标及策略，负责建立四类衡量指标。

（3）确定最重要的业绩衡量指标，根据不同时期物流企业的具体目标，灵活确定评价指标，并根据物流企业的特点确定各个指标的权重。如某物流企业的指标权重如表 7-9 所示。

表 7-9　某物流企业的指标权重

类别权重	评价指标	权重
财务（60%）	利润（与竞争者比较）	18
	投资报酬率（与竞争者比较）	18
	成本降低率（与计划比较）	18
	新市场销售增长率	3
	现市场销售增长率	3
客户（10%）	市场占有率	2.5
	客户满意度	2.5
	经销商满意度	2.5
	经销商利润	2.5
内部业务（10%）	订单完成率	10
	员工工作环境满意度	10
创新与学习（20%）	员工技能水平	7
	信息系统更新率	3

（4）物流企业内沟通与教育。利用刊物、电子邮件、公告栏、标语、会议等多种形式让各层管理者知晓企业的使命、目标、策略与评价指标。

（5）制定评价指标具体数字标准，并纳入计划、预算之中。

（6）制定与平衡计分卡法相配套的奖惩制度。

将平衡计分卡法应用于物流业的绩效衡量，其重点是根据物流企业自身的发展目标和客户需求的特点，确定最重要的绩效评估指标体系，并给每个指标赋予相应的权重，从而提出一个全面衡量物流企业绩效的方法体系。在此基础上，物流企业应该制定与平衡计分卡相配套的奖惩制度和持续改进措施。

（二）360 度考核法

360 度考核法又称全方位绩效考核法和多源绩效考核法，即由与被评价对象有密切关系的人分别匿名对被评价者进行全方位、多维度的绩效评估。

1. 360 度考核法的原理

传统的绩效评价主要由被评价对象的上级对其进行评价，而 360 度考核法则由与被评价对象有密切关系的人，包括被评价对象的上级、同事、下属和客户等，分别匿名对被评价对象进行全方位、多维度的绩效评估。因此，这种评价更全面、更客观、更公正。

360 度考核法的优点：（1）不是把上级的评价作为物流项目营销绩效信息的唯一来源，而是将在项目内部和外部与项目有关的多方主体作为提供反馈的信息来源，考核结果有利于管理层获得更准确的信息，也有助于被考核对象多方面能力的提升。（2）由于指标较全面，可以防止被考核对象急功近利的行为（如仅仅致力于与薪金密切相关的业绩指标）。

360 度考核法的缺点：（1）对多个团队进行考核，考核成本较高，时间耗费多。（2）考核培训工作难度大，需要对所有员工进行考核制度的培训，因为所有员工既是考核者又是被考核者。（3）容易成为某些员工发泄私愤的途径，如某些员工不正视上司及同事的批评与建议，将工作上的问题上升为个人情绪，利用考核机会"公报私仇"。

2. 360 度考核法的操作流程

360 度考核法的操作流程如图 7-5 所示。

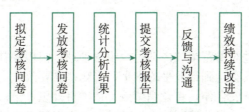

图 7-5　360 度考核法的操作流程

同步实训

开展极兔速递的营销绩效评估

实训形式：

小组调研。

实训内容：

极兔速递某分部通过对外营销和内部客户服务管理，销售额扶摇直上。但公司有没有赚钱，赚了多少钱，有没有达到行业平均水平，有哪些需要改进的地方，公司领导并不很清楚。公司决定和学校开展合作，将营销绩效评估项目外包，给现代物流管理专业的学生提供"工学结合"的机会。专业接到这个任务后，决定组织学生自愿组成项目团队，对极兔速递该分部的营销绩效进行调查和评估，撰写营销绩效评估报告。

实训步骤：

（1）全班同学自由分组，每组 6～8 人。

（2）各组分别进行讨论，明确组内分工。

（3）在对企业实际考察的基础上，收集企业营销绩效评估所需表格和数据等，整理成完整的营销绩效评估案例。

（4）选择绩效评估方法开展评估，在参考相关企业营销策略组合的基础上，设计绩效评估方案，制订计划表和评估表。

（5）在对调研物流公司（项目）营销业绩实际评估或模拟评估的基础上形成绩效评估报告，并按照规范的格式排版。

（6）制作 PPT。

（7）小组长代表本小组在课堂上进行分享。

实训评价：

任务实训评价表如表 7－10 所示。

表 7－10　任务实训评价表

评价项目	评价标准	分值	教师评价（70%）	小组互评（30%）	得分
知识运用	掌握物流企业营销绩效评估的原则以及步骤，掌握平衡计分卡法、360 度考核法的原理和应用	35			
技能掌握	能够运用平衡计分卡法、360 度考核法对物流企业营销进行绩效考核	35			
成果展示	PPT 概括性、逻辑性强，美观大方	20			
团队表现	团队分工明确、沟通顺畅、合作良好	10			
合计					

项目练习

一、单选题

1. 物流企业营销绩效评估是指在物流企业营销的（　　）中，依据特定的指标和测量标准对营销运作过程如工作过程、组织效率、实际效果及其对企业的贡献或价值等各方面进行评定和判断，得出评估结论，以改善物流企业营销组织绩效的过程。

A. 组织管理　　　　B. 流程管理　　　　C. 运营管理　　　　D. 人力资源管理

2. 绩效评估可以分为（　　）、品质主导型、行为主导型三种。

A. 效果主导型　　　B. 成绩主导型　　　C. 业绩主导型　　　D. 过程主导型

3. 物流企业营销绩效指标设计需要遵循 SMART 原则。其中，S 指（　　）。

A. 具体性　　　　　B. 可度量　　　　　C. 可实现　　　　　D. 现实性

4. 物流企业要进行物流绩效评估，必须完善一系列基础工作，包括责任中心的划分、绩效评估指标的确定、内部转移价格的合理确定、绩效评估报告的编制以及（　　）五个主要部分。

A. 制定奖惩制度　　　　　　　　　B. 统计绩效信息

C. 确定评估主体　　　　　　　　　D. 绘制绩效表格

5. 平衡计分卡法是分别从财务、（　　）、内部业务、学习与创新四个方面制定绩效目标和绩效测评指标，并以此对团队绩效进行管理和测评的方法。

A. 客户　　　　　　B. 绩效　　　　　　C. 利润　　　　　　D. 流程

二、多选题

1. 绩效评估可以分为（　　）。

A. 效果主导型　　　B. 品质主导型　　　C. 行为主导型　　　D. 过程主导型

2. 营销创新指标可以细分为新服务（　　）等细分指标。

A. 数量　　　　　　B. 收益　　　　　　C. 利润　　　　　　D. 效用

3. 无论评估主体是谁，一般都需要听取（　　）等方面的意见。

A. 直接上级评价　　　　　　　　　B. 同级部门评价

C. 部门自评　　　　　　　　　　　D. 客户评价

4. 市场竞争指标可以细分为（　　）等细分指标。

A. 市场占有率　　　　　　　　　　B. 相对的消费者满意度

C. 相对的服务质量　　　　　　　　D. 竞争对手消费者满意度

5. 在物流绩效评估中，制定评估方案的内容包括评估对象、（　　）等。

A. 评估目标　　　　B. 评估指标　　　　C. 评估标准　　　　D. 评估方法

三、简答题

1. 物流企业营销战略计划一般包括哪些内容？

2. 物流企业营销控制的基本程序包括哪些内容？

3. 物流企业营销绩效评估的步骤和方法有哪些？

项目八
物流市场营销新发展

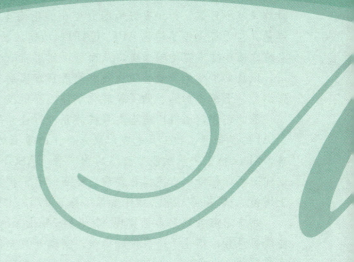

学习目标

※ 知识目标

了解国际市场上物流产品如何定价。

掌握国际物流产品营销策略、国际物流产品促销策略、国际物流产品营销渠道策略。

了解物流网络营销的概念与方法。

※ 能力目标

能够选择合适的国际广告媒体策划国际宣传性公关活动。

能够进行国际营业推广的策划。

能够灵活运用物流网络营销的方法、技术和策略。

※ 素养目标

拓展全球化视野，放眼世界，胸怀祖国，用中国梦激扬自己的青春事业梦。

 **引导案例**

京东出海营销平台上线 Meta CAPI 功能

2023 年 10 月 23 日，Meta 亚太区变现伙伴生态圈与京东开展了合作。其中推出的京东出海营销平台可以实现一站式出海平台的最新产品能力和针对不同类型中国出海广告主的定制化解决方案。这些方案涵盖了从出海策略制定到广告投放优化等各个方面，包括跨境电子商务、数字营销和供应链管理等方面。

在产品合作层面，京东一致认为随着广告生态系统的发展，基于浏览器的数据关联变得越来越不可靠，为了更好地助力企业的出海生意，京东出海营销平台已全面接入 Meta 流量并在近日上线了转化 API（CAPI）功能。转化 API 能够在 Meta 的营销数据与 Meta 系统之间建立直接传输通道，从而可以使用自有营销数据优化广告定位、降低单次操作费用，以及更准确地衡量营销成效。使用京东出海营销平台提供的功能模块，广告主可以设置浏览、下单、加购、购买等转化事件，降低技术门槛，一键即可完成设置。

除此之外，面对广告生态系统演变、行业竞争激烈等效果类营销环境的不断变化，基于 AI 的广告产品和工具也成为双方合作的重点方向。为满足广告主效果类营销的更多需求，Meta 推出进阶赋能型智能购物广告（ASC）投放策略，通过更加智能的自动化广告创建流程，帮助广告主提升表现、提高效率、扩大规模。调研结果显示，在常规广告基础上增投 ASC 策略，单次操作费用下降了 17%，广告花费回报增长了 32%。

京东出海营销平台已实现 Meta 的 Marketing API 技术对接，为广告主提供一站式智能广告平台，简化了广告投放操作，实现开户充值、广告投放、效果分析全流程操作，提高营销效率。

同时，京东已上线 AI 生成工具，一款基于先进的 AI 大语言模型的跨境营销内容生成工具。这款工具可提供跨境生意所需的 AI 文案、AI 翻译等，覆盖产品描述、广告文案、内容翻译等多类使用场景。这一工具具有便捷、高效、低成本的优势，可以帮助广告主创作多语言、表达地道的文案内容，提升广告主的营销效率与质量。

问题：

1. 京东出海营销平台的转化 API 功能有哪些？
2. 案例中哪些方面体现了数字化营销可以为企业降低成本并提升跨境营销效率？

任务一　国际物流市场营销

一、国际物流市场营销概述

20世纪90年代以来，通信信息技术和高科技迅猛发展，为各国（地区）之间的沟通交流创造了条件，各国（地区）经济贸易往来得到进一步加强。在全球经济一体化的背景下，物流企业越来越多地参与国际贸易与合作，国际物流市场营销的相关理论、战略和方法，为国际物流市场营销活动的规范化、理性化和科学化提供了依据。

（一）国际物流市场营销的概念

国际物流市场营销是指从事物流服务的企业，在两个或两个以上的国家和地区市场中提供仓储、运输、配送、包装和增值服务等相关物流服务，制定市场营销组合策略，用以满足不同国家和地区的物流服务需求，从而实现物流企业利润目标的活动过程。

国际物流市场营销概念的理解包括以下几个方面：

（1）营销的主体是从事国际物流活动的物流企业。

（2）营销对象是两个或两个以上的国家或地区的客户，市场范围较大。

（3）营销的目标是在满足客户需求的基础上实现的，以市场需求为中心开展营销活动。

（4）营销手段是大市场营销因素的整体组合，需要运用产品、定价、分销、促销、政治和公共关系等多项营销战略与策略，注重与诸多参与者合作。

（5）营销活动是连续的经营管理过程。市场是复杂多变的，营销活动需要不断调整和完善。

国际物流市场营销是国内物流市场营销活动在空间上的扩展，是一种跨国界的营销活动过程，使物流企业的服务在国际市场上实现价值，满足多国消费者的需要。国际物流市场营销根据国际分工协作的原则，针对国际市场环境制定营销组合方案，利用国际化的物流设施、物流网络和物流技术，实现货物在国际上的流动与交换，实现物流资源在全球范围内的优化配置。

（二）国际物流市场营销与国内物流市场营销的联系与区别

1. 国际物流市场营销与国内物流市场营销的联系

首先，两者都以物流营销的理论为指导，基础理论、运作程序和方法技能具有相似性。其次，国际物流市场营销是国内物流市场营销的延伸和发展，从事国际物流市场营销的企业往往是从国内物流市场营销开始的。

2. 国际物流市场营销与国内物流市场营销的区别

（1）营销环境复杂性。相对于国内物流市场的营销环境，国际物流市场营销环境更为复杂多变，文化差异性较大，关系协调更加困难。

（2）竞争对手多国化。国际物流市场营销活动的竞争对手来自不同的国家或地区，具有不同的规模和实力，并且数量较多，相对于国内物流市场营销，形成的市场竞争更加激烈。

（3）国际物流市场风险较大。在国际物流市场上存在的风险很多，如运输风险、汇兑风险和政治风险等，对于从事国际物流市场营销的企业来说，所承担的风险要高于国内物流市场营销。

（4）难度大。国内物流市场营销多以产品、价格、渠道和促销理论为指导，国际市场环境的复杂多变增加了物流企业的营销难度，在营销组合的基础上还需要政治和公共关系等多种战略与策略的综合运用。

二、物流营销的国际化市场分析

（一）国际市场营销的特点

第二次世界大战后，随着世界经济的迅速发展，各国在商品、劳动力、资本、科技情报等方面的交流日益频繁，经济全球化的步伐日益加快，越来越多的国家都积极参与到国际市场的竞争中来。在这种环境的发展趋势下，市场营销拓展到了新的领域，形成了新的营销分支——国际市场营销。

国际市场营销与国内市场营销从本质上来说并无区别，市场营销的基本原则对其都适用。具体而言，国际市场营销和国内市场营销都要进行环境分析、选择目标市场，都要做出营销决策，完成商品和劳务的交换，实现商品从生产者到消费者的转移。但是国际市场营销和国内市场营销处于两个不同的营销地域，前者与后者相比，其特点主要表现在以下方面。

1. 复杂性

由于各国特定的社会文化、政治法律和技术经济环境不同，因此国际市场营销的复杂性远远大于国内不同地区的市场营销。社会文化不同表现在语言障碍、文化差异、风俗习惯和社会制度不同等，给国际营销带来市场调查不易、了解贸易对手困难、交易双方沟通障碍、交易接洽不便等诸多困难；政治法律不同表现在政治体制、海关制度及相关贸易法规不同等，给国际市场营销带来障碍；技术经济环境不同表现在居民收入水平不同、经济发展水平不同、经济体制不同等，对国际市场营销也产生了极大影响。

2. 风险性

国际市场营销由于进行跨国界的交易活动，很多情况不易把握，其产生的风险，如信用风险、汇兑风险、运输风险、政治风险、商业风险等，远远大于国内市场营销。

3. 激烈性

进入国际市场的物流企业都是各国实力强大的企业，而国际市场营销企业参与的国际竞争比国内市场的竞争更为激烈，也更为残酷。世界各国在国际市场上，营销的参与者与国内也有很大不同，除国内市场竞争的常规参与者外，政府、政党、有关团体也往往介入营销活动中。政治力量的介入使国际市场的竞争更加微妙，竞争的激烈程度也比国内市场大为提高。对于发展中国家的物流企业来说，参与国际竞争必然要承受巨大的竞争压力。

（二）进入国际物流市场的方式

目前，国际物流企业进入国际物流市场的方式主要有投资式、贸易式和契约式三种，很多国际物流企业采取相应的方式成功地开拓了国外市场。

1. 投资式

投资式是指直接投资进入目标国家，将资本连带本企业的管理技术、销售、财务以及其他技能转移到目标国家，建立受本企业控制的分公司或子公司，从而进入该国的物流市场。主要方式有设立分公司、建立物流设施、购买航线和合资合作等，这种方式的特点是公司具有更大的控制权，更密切地接近当地市场以及市场渗透的程度更深，资本的转移可以增强企业竞争优势。例如：20 世纪 90 年代，全球最大的四家速递公司 DHL、TNT、UPS、FedEx 纷纷在中国设立分公司。1995—1999 年，DHL、TNT、UPS 的业务增长速度均在 20％以上，近几年，DHL、TNT 的业务增长速度已经达到 40％左右。

 知识链接

顺丰国际

顺丰为打入泰国快递市场，2024 年 2 月 6 日，在鄂州花湖机场"一口气"开通了两条国际全货运航线。当天上午，一架航班号为 ETH3691 的埃塞俄比亚航空全货机和一架航班号为 SG7332 的印度香料航空全货机先后从鄂州花湖机场起飞，分别前往埃塞俄比亚首都亚的斯亚贝巴和印度第三大城市加尔各答，标志着"中国鄂州-埃塞俄比亚亚的斯亚贝巴"和"中国鄂州-印度加尔各答"两条国际货运航线正式开通。此次航线网络的快速拓展更是首次将航线服务范围延伸至中东、大洋洲，全球通航城市及地区累计已突破100个。2023 年全年，顺丰航空在鄂州花湖机场的国内、国际进出港货量累计已突破 20 万吨。

2. 贸易式

向目标国家出口产品或服务而进入该国的物流市场，属于非资本性进入。国际物流企业以贸易方式进入中国物流市场较早，主要是提供物流设备及装备，包括通信、网络、计算机等软硬件的供给。这类进入方式的优点是资本投入少、形式简单、竞争对手明确，容易实现区位优势、规模经济优势和获取跨国经验，灵活性高、风险性小。该方式的缺点是运输成本很高，产品到达当地市场的时间过长，难以保持对当地市场需求的监测，由于产品的价值增量较小而缺乏持久的竞争力等。

3. 契约式

与目标国家的法人之间签订长期的、非投资性的无形资产转让合同而进入目标国家，是一种"非股权安排"。契约式进入的主要方式包括授权经营、技术协议、服务合同、管理合同和分包合同等。契约式的优点是可以绕过进口限制与投资环境障碍，避免高运输成本，降低投资风险，节省项目运营时间。契约式的缺点是只有当企业具备先进的技术或突出的品牌时才有效，缺乏对技术的控制，面临产生新竞争者的风险，灵活性较差，利润回报低等。

三、国际物流市场营销组合

（一）产品策略

产品策略是物流企业国际营销因素组合的基础。从事国际营销的物流企业在制定产品策略时，需要适应国外的市场营销环境和客户的需求，以适当的产品或服务进入国际市场，结合品牌、包装和物流服务等特征做出相应的调整。美国的国际营销学教授基根将产品设计与信息沟通结合起来研究，提出了五种策略。

1. 产品和信息传递直接延伸策略

该策略是将本国的产品、服务和信息直接向国外扩展，即将本企业在国内的产品或服务及其信息宣传不加任何改变地推广到国外市场上。其本质属于标准化策略，适用于无长远国际营销计划的企业和高度国际标准化的企业。其优点是：使企业及其产品在国际上树立统一的形象，能够节约成本（包括产品或服务研究与开发费用，以及营销信息沟通标准化所带来的成本节约）。能否运用这种策略，关键在于该产品或服务是否在其他国家同样适用，如在除臭剂的使用上，在美国消费比例为80％，在瑞典消费比例是55％，在意大利消费比例是28％，在菲律宾消费比例是8％。同时，从长远来看，这种策略会限制企业的市场扩大和对新产品市场的占领。

2. 产品直接延伸、信息传递改变策略

这种策略是企业向国际市场推出同一产品，根据不同目标市场客户的不同需求，采用适合当地客户的促销宣传方式，即不改变产品，但改变促销方式。该策略适用于以下两种情况：其一，当产品或服务在国外的需求与国内相同，但产品或服务的用途和功能却不相同时，产品或服务可保持不变，但信息传递策略则需改变。例如：自行车和低座小型摩托在某些国家是交通工具，而在经济发达国家则是健身器材。虽然使用方式相同，但用途不一，因而在不同国家营销时可不改变产品，但广告宣传的主题和方式却应改变。其二，由于各国的语言和风俗习惯不同，信息传递也要有所改变。例如：欧洲人把大象看作呆头呆脑的象征，瑞士人把猫头鹰作为死亡的象征，乌龟在许多国家都被认为是缓慢和丑恶的，但在日本却被当成长寿的象征。该策略的优点在于实施成本较低，因为产品不变，所以研究与开发、设备安装、生产装配等与增加产品线相关的费用可以减免。

3. 产品改变、信息传递直接延伸策略

这种策略是当产品或服务在目标市场的用途与本国一致，但使用条件不同时，为了适应当地条件将产品或服务做适当改变，将信息传递直接延伸至国外市场。例如：各国的民用电压高低不同，插座的形状也不一致，这就必须根据各国不同的电压改变产品的电压要求，并配上不同的插头。因而，需根据不同国家的市场环境改变产品或服务，但广告等促销宣传则不需要改变。

4. 产品与信息传递双重改变策略

这种策略是进入国际市场的产品或服务和信息传递根据目标市场需求特点做出相应的改变，既改变产品或服务，也改变信息宣传。该策略适用于不同国家的客户对产品或服务的需求与国内完全不同的情形，是第二种策略和第三种策略的合并使用。例如：速溶咖啡

在西方国家是不放糖的，进入中国市场，为适应中国消费者口味而增加了糖的成分；在促销宣传上，西方国家将其作为一种大众饮料宣传，而在中国则侧重于其提神醒脑的作用。由于国外客户不同的生活习惯和文化标准，一些在本国受欢迎的产品或服务在海外市场未必被接受，在此情况下，物流服务和信息宣传均应适应当地特点，实行双重改变。

5. 新产品开发策略

有些国内产品或服务在国外市场不被接受，当目标市场前景可观，而改变产品或服务和信息传递仍不能适应市场变化时，企业就可针对潜在客户的需求状况而另行设计一种新产品或服务，这种策略必须以新产品开发成本低于新产品营销所带来的收益为前提。这种策略主要有以下形式：创造新物流服务产品，提供新物流服务，找出外国公司忽略或服务不周的产品和市场，提供物流服务；研究竞争者的服务，针对其不足提供完善的物流服务产品。当产品或服务改变无法满足国际市场要求或无法适应国际市场使用条件，或者产品或服务改进的成本费用过高时，物流企业就需要选择新产品开发策略。

（二）定价策略

定价策略是指企业通过对客户需求的估量和成本分析，选择一种能吸引客户、实现市场营销组合的价格策略。价格是物流企业获得利润的重要因素之一，价格策略一定要以科学规律的研究为依据，以实践经验判断为手段，在维护生产者和消费者双方经济利益的前提下，以消费者可以接受的水平为基准，根据市场变化情况灵活反应。

1. 国际市场产品价格构成

物流企业的成本比较复杂，包括运输、包装和仓储等方面。物流企业进入国际市场，由此产生了渠道延长，关税、运输和保险费用增加，汇率差价波动等一系列问题。国际价格与国内价格有较大差异，国际价格在国内价格的基础上增加了以下几项构成：

（1）关税。关税是指进出口商品在经过一国关境时，由政府设置的海关向进出口国所征收的税收。进口关税及其附加税是国际产品或服务价格的重要组成部分。一国关税税率的高低将直接影响产品或服务的价格。

（2）国际中间商成本。物流企业从事国际物流市场营销往往会产生渠道延长，代理商、运输公司和仓储等国际中间商的大量参与，使营销成本增加（包括广告费用、中间商利润以及开拓市场的各项必要开支等），必然使产品或服务价格提高。

（3）运输和保险费。物流企业从事国际市场经营，势必会导致运输成本的增加，包括公路、铁路、航空和船舶等运输费用的增加。运输费用是价格的组成部分，运输费用增加会导致价格提高。产品在运输过程中面临不可预期的危险和损失，往往会产生保险费用，保险费是投保人为取得保险保障，按合同约定向保险人支付的费用，投保人按约定方式缴纳保险费是保险合同生效的条件。保险费的计算公式是：保险费＝保险金额×保险费率。这些费用都会提高产品价格。运输费用和保险费用越高，物流成本就会越高，进而导致价格提高。

（4）汇率变动。汇率又称外汇行市或汇价，是国际贸易中最重要的调节杠杆。一国货币兑换另一国货币的比率，也是以一种货币表示另一种货币的价格。由于世界各国货币的名称不同、币值不一，因此一国货币对其他国家的货币要规定一个兑换率，即汇率。国际营销中计价货币是可以自由选择的，很难预测一种货币的未来实际价值，货币汇率的波动必将影响产品或服务的国际价格。例如：一件价值100元人民币的商品，如果美元兑人民币汇率为 8.25，则这件商品在国际市场上的价格就是 12.12 美元。如果美元汇率涨到 8.50，也就是说美元升值，那么，用更少的美元可买到此商品，所以该商品在国际市场上的价格会降低。

2. 国际物流市场营销价格策略

受到成本变动、货币波动风险、中间商利润不同等因素的影响，物流企业需要制定不同的价格策略，目前主要有三种选择：

（1）全球统一定价，即物流服务在世界各地实行统一的价格。采用统一定价策略有利于企业在世界上树立统一形象，有利于做出统一的市场定位策略，便于总部对整个营销活动进行管理，具有较强的控制力。

（2）根据各国市场定价，即物流企业根据各国目标市场实际情况而制定的价格。目标市场不同，物流服务价格也不相同。采用这种价格策略需要注意价格决策不会引起客户的反感。该策略的优点是：可用各国客户所能承受的价格销售，满足不同国家客户对价格的要求。其缺点是：忽视了各个国家之间实际成本的差异。

（3）根据各国成本定价，即物流企业依据各国成本情况而制定的价格。成本包括固定成本、变动成本、总成本、平均固定成本、平均变动成本和平均成本等。采用这种价格策略的优点是：将价格竞争的可能性降到最低。大多数人认为该方法对买方和卖方都比较公平。其缺点是：忽视需求和竞争，可能与市场需求脱节，难以适应竞争，固定成本分摊事先很难确定（某价格水平的销量难以预测）。

（三）促销策略

国际物流促销是国际物流营销组合的重要组成部分，有传递国际市场信息的作用。物流企业将合适的物流产品在适当地点、以适当的价格传递到目标市场，往往通过两种方式：一是人员推销，即推销人员和客户面对面地进行推销；二是非人员推销，即通过大众传播媒介在同一时间向大量客户传递信息，主要包括广告、公共关系和营业推广等多种方式。由于不同国家或地区促销环境的差异，国际物流促销活动会面临国内物流促销活动所没有遇到的问题，因此需要物流企业做出相应的促销策略选择。

 知识链接

国际广告与国内广告的区别

与国内广告相比，国际广告由于面向不同的国家和地区，包括不同的社会制度，不同的政策法令，不同的消费水平和结构，不同的传统风俗与习惯，不同的自然环境，不同的宗教信仰，以及由此形成的不同的消费观念及市场特点，其诉求对象和目标市场是国际性的，因而有自身的一些特点。主要表现在以下几个方面：

（1）国际广告必须考虑进口国的经济环境；

（2）国际广告必须尊重进口国的风俗习惯；

（3）国际广告必须适应各国的文化；

（4）国际广告应遵守各国对广告的管制；

（5）国际广告要注意各国的自然环境、国民的收入水平，以及国民的文化教育水平和各国的语言文字特点。

1. 国际广告策略

国际广告是为了配合物流企业国际市场营销活动，在东道国或地区所做的物流企业或物流产品的广告。物流企业进入国际市场初期，广告通常是促销的先导，它可以实现物流企业与目标市场的信息沟通，也有助于树立企业国际化的形象。

（1）国际广告标准化。国际广告标准化是指在不同的国家或地区使用统一的广告促销主题和信息内容。这种策略是物流企业忽略各国市场的差异性，突出基本需求的一致性。

（2）国际广告媒体选择策略。国际广告媒体的选择是国际广告中十分重要的问题。物流企业应根据物流产品的性质和各国市场的特点，选择不同的广告媒体传递信息。

世界各国的广告媒体类型基本相同，但又各有其特点。在选择广告媒体时，应着重考虑媒体的特点，包括媒体的传播与影响范围，媒体的社会威望与特点，媒体发布广告的时间是否适宜，媒体费用和媒体组合形式等影响因素。例如：法国严格控制电视广告的时间；印度报纸相对较少，广告必须提前 6 个月预订；黎巴嫩报纸非常多，但平均发行量很少。世界各地媒体的特点、各国广告管理法规和客户接触媒体习惯都不尽相同。因此，在运用媒体组合策略时，必须考虑各地媒体的具体情况。

（3）国际广告管理策略。物流企业需要对国外分销商或子公司的广告活动进行评估和控制，国际广告的管理策略主要有三种：1）集中管理，即由总公司对公司系统的广告方针政策实行集中管理，在各地的广告活动亦由总公司统一管理。2）分散管理，即国外分销商或子公司按销售额的一定比例提取广告费，开展个性化广告促销。3）集中管理与分散管理相结合，即按照目标市场的不同情况或广告职能的不同，分别采取集中或分散的国际广告管理方式。集中管理可以发挥总公司高级人才的管理才能，通过集中管理开展的广告活动可以节省费用，有助于加强总公司对各地广告业务的控制。分散管理可以结合各地的差异化，对各地的语言文字、广告媒介限制条件等进行专门研究，有利于国际市场的开发取得良好的效果。

2. 人员推销

人员推销因其灵活机动、能根据需求提供服务、反馈及时等优点成为国际物流市场营销中不可或缺的促销方式之一。

（1）推销人员的来源。一是物流企业的外销人员。选择具有一定语言基础，并能够胜任外销工作的人员，优点是：容易与总公司沟通，忠诚度较高，不易造成人才流失而影响物流公司的正常经营。二是总公司所在国移居国外的人员。选择总公司所在国移居到目标市场的人员，优点是：他们熟悉两国的语言、文化和政治等特点，能够较快地与目标市场进行信息沟通，产生良好的促销效果。三是国外当地人员。选择目标市场国家中具有多国语言能力的当地人，优点是：他们熟悉当地市场的政治、经济及社会文化，并有一定的社会关系，可协助物流企业进入目标市场，消除外来形象。

（2）推销人员的培训。物流企业在招募到新的推销人员之后，不能仅向他们提供样品、订单簿和销售区域情况介绍等就立即让他们上岗。事实证明，训练有素的推销人员所创造的销售业绩要比未经过培训的人员好得多。物流企业应该对推销人员进行培训，对推销人员的培训包括两个方面：一是环境信息培训。向推销人员介绍当地的文化、政治、经济和法律等内容，如价值观、审美观、生活方式和商业习惯等，使推销人员熟悉工作环境。二是推销技能培训。培训国际营销理论知识，使推销人员掌握国际物流服务营销的技能，从而提高他们的实际营销工作能力。

另外，培训内容还包括发掘推销人员的潜能，增加推销人员对物流企业的信任，训练推销人员工作的方法，改善推销人员工作的态度，提高推销人员工作的情绪等，以期提高推销人员的综合素质，从而提高企业的利润水平。

（3）推销人员的激励。物流企业对推销人员的激励主要包括两方面：物质激励和精神激励。

物质激励是对做出优异成绩的推销人员给予实际利益，以此来调动推销人员的积极性。物质激励对推销人员的激励作用最为强烈，常用的激励方法主要有三种：一是固定薪金加奖励。该方法能够有效管理推销人员的活动，但不利于调动积极性。二是佣金制。该方法可以有效调动推销人员的积极性，但控制力较弱。三是固定薪金与佣金混合制。该方法结合了以上两种方法的优点，但难以确定薪金与佣金各占多少比例为最佳。

精神激励可以采用对推销人员给予表扬，颁发奖状、奖旗，授予称号等方法，起到激励作用。精神激励是一种较高层次的激励。所以，物流企业应深入了解推销人员的实际需要，满足诸如理想、成就、荣誉、尊敬和安全等方面的精神需要，有些物流企业每年都要评出"冠军营销员""营销明星"等。

3. 公共关系

在国际物流市场营销中，公共关系促销策略发挥着越来越重要的作用。它强调通过搞好与东道国公众的关系来树立良好的物流企业形象，促进其服务产品的销售。公共关系在国际物流营销中的任务主要包括：加强与传播媒介的联系，协调与政府的关系，改善和客户的关系，与目标市场进行信息沟通，在不同时期、不同阶段开展不同的公共关系活动。

国际物流营销公共关系活动的基本方式主要包括：

（1）与当地政府进行信息沟通，尊重和支持当地政府的发展目标，取得当地政府的认同。

（2）运用当地各种宣传媒体，宣传物流企业的经营活动和社会活动，建立良好的公众形象。

（3）收集当地公众对物流企业的意见和建议，及时消除双方的误解和矛盾。

（4）积极参加东道国的社交活动或公益活动，支持当地教育事业、文化活动、慈善机构等捐助活动，参与国际组织和文化交流。

（5）协调劳资关系，雇用当地人员，尊重当地文化习俗，调动当地雇用人员的积极性。

4. 营业推广

发达国家营业推广的促销方式十分普遍。营业推广是一种适宜短期促销的促销方法，是物流企业为鼓励购买和刺激消费而采取的营销活动的总称。营业推广的形式有很多，在运用时，需要结合相关国家的法律和文化习俗。

国际物流营业推广方式包括：现场推广方式（国际物流博览会、有形展示等）；直接针对客户的推广方式（降价、更多数量、赠品、免费尝试等）；针对中间商的营业推广方式（货币奖励、佣金、比赛或赠品、销售点设施的提供、共同的广告等）。物流企业可以运用展览会、博览会的方式充分展示自己的产品、品牌和企业形象，可以获得有价值的市场信息。展览会、博览会的形式多种多样，有综合性的，有专业性的，也有专题的，要充分发挥其作用，以提高促销活动的效果。在国际市场营销中，交易会、博览会及巡回展等营业推广形式对物流服务产品推销有着非常重要的作用。目前，世界上有100多个城市定期举办国际交易会，实际上覆盖了大部分行业。

营业推广是一种富有创造性的方式，在国际市场上融合了当地环境使这种创造性具有更多的个性，产生了更广泛的影响和更好的促销效果。例如：在不同国家，营业推广活动的最佳期限长短不一，据相关资料表明，在北美市场每季度开展3周左右的营业推广比较好；在西欧，日用品营业推广以1个月为宜；在中东、非洲和亚洲许多地区，实行营业推广的时间在大城市短一些，在乡村长一些，在城镇则介于两者之间，主要结合信息传递和交通状况而定。另外，营业推广虽然能够在短期内刺激销售额的大幅增长，但是必须在适宜的条件下、以适宜的方式进行，否则会影响物流企业在市场上的形象。

（四）渠道策略

选择和建立分销渠道是国际物流市场营销中极其重要也十分困难的环节之一。在国际物流市场营销活动中，应特别注重分销渠道的整体性。因为各国环境差异较大，所以分销渠道也相差甚远，同时应结合目标市场环境制定不同的分销渠道策略。

1. 国际物流市场分销渠道

国际物流市场分销渠道，是指使所有产品及所有权从生产者转移到国际消费者的过程中所经历的各种渠道和市场组织的总和。

国际物流市场分销渠道与国内物流市场分销渠道不同，它的起点是一国的物流企业，终点是另一国对物流服务有需求的客户，其物流服务是跨国界的，分销渠道连接着不同国家的目标市场。

国际物流市场分销渠道的特点：

（1）国际物流市场分销渠道的重点是国外客户。由于不同国家政治、经济和社会文化等多方面存在差异，因此国外客户具有不同的消费特征。物流企业要了解目标市场国客户的需求特性，以便选择相应的分销渠道策略，全方位地发挥渠道的作用。国际物流市场分销管理主要包括订货决策、存货控制、仓库管理及运输方式的选择等。开展国际物流市场分销活动时，必须以市场为出发点，充分考虑目标市场客户对产品流通的便利性需求以及竞争者的服务水平等影响因素，并在此基础上制定出有效的国际物流市场分销策略。

（2）国际物流市场分销渠道风险较高。由于国际物流市场分销渠道跨越国界，产出地与目的地之间距离遥远，因此发生在物品运输、储存、装卸和保险等方面的风险较多、费用较大，分销渠道成本不断增加，造成了产品或服务的营销成本和最终价格上升。物流企业和中间商也承担着不同的风险和责任。国际运输与国内运输相比，情况要复杂得多，不仅耗时长、中间环节多，而且托运人在相当长的时间内会失去对自己货物的控制权。在国际运输过程中应尽量减少中转环节，避免多次装卸，确保货物安全。

（3）国际物流市场分销渠道管理复杂。国际物流比国内物流复杂得多，国际物流系统是由产品的包装、储运、检验、外贸加工及其前后的整理、再包装和国际配送、信息等子系统组成的。其中，储运系统是国际物流管理的中心环节。只有做好各个子系统的管理工作，才能实现各系统的时间和空间效益，使企业的整体效益达到最大化。

国际物流市场营销中，构成分销渠道整体的各类中间商分属于不同的国家，有本国中间商，也有国外中间商；有经常合作者，也有初次合作者。他们与物流企业的熟悉程度、亲疏关系和利益分配往往不同，加上国外中间商在语言、文化方面存在的障碍，这些都加大了经营风险，这就要求物流企业必须谨慎选择并建立自己的分销渠道，还要勤于管理。

2. 国际物流市场分销渠道策略

（1）窄渠道策略。该策略是指国际物流企业在国际市场上给予中间商在一定时期内独家销售其物流服务产品的权利。该策略能促使物流企业与中间商通力合作，排斥竞争产品进入同一渠道，有利于鼓励中间商开拓国际市场，并依据市场需求提供物流服务及控制服务价格，使物流企业容易管理分销渠道，对渠道具有较强的控制力。该策略的缺点：容易造成中间商对市场的垄断；容易造成对某一中间商的依赖性；在发生意外情况时，容易失去已经占领的市场；由于中间商数量不多，市场分销面受到限制。

（2）宽渠道策略。该策略是指国际物流企业在国际市场分销渠道的每个环节中，使用较多同类型中间商销售企业的物流服务产品。与窄渠道策略相比，该策略强调在目标市场上形成较多数量中间商销售其物流服务产品的形势。该策略有利于企业的物流服务产品顺利进入国际市场，有利于扩大市场覆盖面，迅速提升市场占有率。该策略的缺点：中间商多，容易引起渠道冲突；中间商削价竞销，会损害企业的物流服务在国际市场上的形象；物流企业对分销渠道的控制力较弱。

（3）短渠道策略。该策略是指国际物流企业尽量不采用中间环节，直接与国外客户交易的策略。该策略可采取两种具体方式：一是国际物流企业越过中间环节，直接与所在国物流企业进行合作；二是国际物流企业直接在国外建立直销机构网络进行物流服务产品的经营。该策略的优点：中间环节较少，降低成本；以低价策略开拓国际市场，有利于提高竞争能力，迅速被目标市场客户接受。该策略的缺点：受物流企业人、财、物的规模限制，只有少数大型物流企业能够采用，国际市场开拓能力有限。

（4）长渠道策略。该策略是指国际物流企业选择两个或两个以上环节的中间商来销售企业的物流服务产品。分销渠道的长度决策应考虑的因素包括：物流服务产品的特点，国外市场的特征，物流企业的国际信誉、资金状况、管理能力、营销经验以及为客户提供服务的水平和能力等。由于国际物流市场营销受到国际政治、经济、社会文化和地理等因素的影响，其分销渠道都比国内物流市场分销渠道长。国际物流企业可以采用多个中间商将物流服务分散出去，使企业的物流服务进入国外更广阔的市场。该策略的优点：渠道长、分布密，能扩大市场覆盖面，有利于商品远购、远销。该策略的缺点：由于环节多，会增加成本，难以及时获得市场信息，市场控制力较弱。

同步实训

开展企业国际快递市场调研

实训形式：

企业调研。

实训内容：

通过网络调研、书籍查阅等形式收集××快递公司的相关信息，结合促销、价格、渠道等方法，根据市场需求综合运用，小组成员进行国际快递市场的开拓，并思考××快递公司还可以开发哪些国际快递服务项目。

例如：××快递公司选择以下几种方式推广其全球特快专递业务：

（1）无缝覆盖：全球网络终端覆盖到千家万户，在澳大利亚、中国、日本、韩国、美国、英国、西班牙、法国、新加坡等国家设立了3亿多个投递点、10万个营业机构。××快递公司通过网络为客户提供安全、准确、快速、覆盖面最广的运递服务。

（2）多通道信息接入：××网站平台、全国统一的7×24小时的呼叫平台、移动通信短信平台和遍布城乡的营业网点。

（3）实时跟踪：通过ABC跟踪与查询服务，实时了解寄收邮件的全程信息，对签约客户提供邮件实时信息的反馈服务。

（4）承诺时限：计算运递时限，为客户承诺时限。

（5）延误赔偿：当公司邮件的实际运递时间超过承诺时限时，退还已收取的邮件资费。

实训步骤：

（1）全班同学自由分组，每组6～8人。

（2）各组分别进行讨论，明确组内分工。

（3）小组成员通过查找网络资料，选择一家物流企业，收集该企业的相关信息，完成××快递公司的国际市场开拓。

（4）将小组实训结果制作成PPT，小组长代表本小组在课堂上进行分享。

实训评价：

任务实训评价表如表8-1所示。

表8-1　任务实训评价表

评价项目	评价标准	分值	教师评价 （70%）	小组互评 （30%）	得分
知识运用	掌握国际物流市场营销的概念以及进入国际物流市场的方式	35			

续表

评价项目	评价标准	分值	教师评价 （70%）	小组互评 （30%）	得分
技能掌握	能够根据国际营销环境选择进入目标市场的方式	35			
成果展示	调研报告结构、排版规范，有完整的架构，PPT概括性、逻辑性强，美观大方	20			
团队表现	团队分工明确、沟通顺畅、合作良好	10			
合计					

任务二　物流网络营销

一、物流网络营销概述

（一）物流网络营销的概念

物流网络营销是指借助于互联网、计算机通信技术和数字交互式媒体实现物流服务营销目标的一种营销方式。

网络营销是物流企业整体营销策略的一个组成部分，是为实现物流企业总体经济目标所进行的、以互联网为基本手段营造网上经营环境的各种活动。

网络营销的核心思想就是营造网上经营环境。网上经营环境是指物流企业内部和外部与开展网上经营活动相关的环境，包括网站本身、客户、网络服务商、合作伙伴、供应商、销售商、相关行业的网络环境等。网络营销的开展就是与这些环境建立关系的过程，这些关系处理好是网络营销卓有成效的关键。

（二）物流网络营销的理论基础

物流网络营销需要从客户需求的角度出发研究市场营销理论，而传统营销是从企业利润的角度出发的。由于传统营销模式的改变、物流企业组织的重整、竞争形态的转变以及客户关系的再造，物流网络营销应运而生。

网络营销作为新生事物，是在传统营销的基础上发展起来的，因此与传统营销有着非常密切的关系。目前的网络营销吸收了传统营销的相关理论知识，比如传统营销的市场调研策略以及4P策略对网络营销有很大的影响。同时，网络营销也将现代市场营销的观点——"满足客户，提高客户满意度"作为自己的核心任务。除此之外，网络营销在传统营销基础之上利用网络以及网络上消费群体的特征开发了自己的理论体系。

1. 网络营销与传统营销的相同点

网络营销是在传统营销的基础上发展起来的，虽说各有特色，但也有很多相同点，主要表现为：

（1）它们都是企业的一种经营活动，涉及的范围除了商业性内容，还要延伸到产品制造之前的开发活动。另外，在市场经济环境中，传统营销和网络营销都可以引导企业在生产前按照目标市场的需求来确定产品内容、商标和广告策略、价格制定以及销售策略等，并按照市场需求来组织生产。

另外，并不是说把产品卖出去了营销就结束了，把产品卖出去只是一个结果。因为我们还需要根据消费者反馈回来的信息指导企业后面的经营活动，所以还需要确保能够让消费者满意。我们可以掌握商品开始制造前以及整个商品消费后的全过程营销内容，比如企业的信誉、竞争者的动向、向外界传播的信息，以及消费者购后对产品的满意度等。

（2）它们都需要通过相关组合策略发挥功能。网络营销和传统营销一样，并不只是靠某种手段、某种技巧去实现最终目标的，而是结合自身需求开展各种具体的市场营销活动。经过市场营销的发展，现代企业的市场营销目标已经不能确定为某个具体的目标，而应该是实现某种价值，达到某种境界。因此我们应该将两者结合。当然，想要达到这种境界，需要调动多种关系、制定多种策略。

（3）它们都是以满足消费者需求为最终目的。两者对消费者的服务意识，特别是在销售商品后的服务意识增强了。网络营销与传统营销不能仅停留在满足消费者的实际需求上，还应对消费者即将产生的需求进行分析。

2. 网络营销与传统营销的不同点

网络营销较之传统营销，从理论到方法都有了很大变化，主要表现在以下几个方面：

（1）营销观念和方式发生了变化。传统的营销观念是大规模的目标市场，而网络营销已经向集中型、个性化营销的观念转变。因此网络营销改变了传统的营销方式，再造了顾客群体的关系，转变了竞争的形态，重整了企业的组织，实现了跨国经营等。

（2）网络营销的支撑工具发生了变化。它的核心是 IT 技术，企业营销活动从信息收集、产品开发、生产、销售、推广到售后服务与评价的一系列过程，均须以 IT 技术为支撑。

（3）供求平衡发生了变化。网络营销将消费者与生产者之间的距离缩短了，有利于降低流通费用和交易费用，避免造成库存的损失。

（4）市场环境发生了变化。传统营销面对的是较封闭的市场环境，而网络营销的市场环境是完全开放的。企业营销在互联网的出现和广泛应用的前提下，已被引导至一个全新的网络信息经济环境。

（5）网络营销使双方交流的方式有所改变。传统营销在促销手段和沟通方式上，只能单向传送信息。而网络营销可以将其转变为双向信息沟通模式，实现双向、针对性地与消费者沟通。

（6）网络营销促进营销策略的调整，定价、品牌、广告等策略都有所改进，时空界限也发生了变化。传统营销受时空限制，而网络营销可以提供全天候的服务，消费者查询、购物的流程变得简单许多。

（三）物流网络营销的优点

随着科学技术的迅猛发展，计算机已成为普通居民生活的必需品，图形界面普及令人们远离了枯燥乏味的指令，互联网上丰富的信息资源更吸引用户。与传统的营销手段相比，网络营销无疑具有许多明显的优势。

1. 有利于营造公平的市场竞争环境

网络营销可为各企业提供公平竞争的平台。在网络上，任何企业都不受自身规模的绝对限制，都能够相对平等地获取世界各地的信息，并可以相对平等地展示自己。这为中小企业提供了更好的发展机遇。中小企业利用互联网只需花少量的成本就可以迅速加入全球信息网和贸易网。

2. 有利于企业实现全程营销的目标

网络营销较少受时间限制，网络使企业可以每天 24 小时不间断地做营销活动、发布销售信息、进行商品交易、提供售后服务。我国"724"（每周 7 天，每天 24 小时，即全天候）商务服务普及率不高，传统的营销方式使得消费者在营业时间外很难获取商品信息，而网络营销无时间限制，使商业企业管理和发展获得了更大优势。

3. 有利于企业更好地满足客户的需要

以世界上最大的家居产品生产厂家之一的 IKEA 为例，客户可以利用 IKEA 设计软件在网上设计符合家里房间尺寸的家居，体验不同组合，尝试不同风格，直到满意为止。商家也可由此得知客户的兴趣、爱好，进行新产品的开发。

4. 有利于企业降低营销成本

网络营销方式从租房、时间、库存等各个方面为企业降低成本。实体店的租金向来是销售行业成本中较大的一部分。从京东网上商城前身的十几个实体店支出来看，房租每年都会递增 0.2% 至 0.5%，雇用员工的支出及样品的磨损、折旧费用也是一笔开支，而京东网上商城现在的网络营销模式则可以省去这一部分。此外，企业可以通过互联网了解顾客的购买意向，为采销部门的采购提供有力的支持，从而大幅度降低了库存周转周期，降低企业成本，提高企业利润。

5. 有利于企业提高市场占有率

网络环境更方便开展网站或网页问卷调查、电子邮件调查、弹出式调查、网上固定样本调查等。这样的调查具有如下优点：首先，调查费用较低，主要是设计费和数据处理费，每份问卷所要支付的费用几乎为零；其次，调查范围大，全国乃至全世界，样本数量庞大；再次，运作速度很快，只需搭建平台，数据库可自动生成，几天就可得出有意义的结论。

6. 有利于企业提升广告价值

企业可以通过网络的多种方式和手段充分表现企业文化、特点、产品品牌、功能、效用、规格和价格等，最大限度地扩充信息量，完整地宣传企业形象，增加消费者对企业的认同感和对产品的了解和信任。这也是中小企业特别青睐互联网的原因之一。

（四）物流网络营销存在的问题

网络营销是运用互联网作为传播方式、以现代化企业营销理论为基础的一种低成本、全球性、跨时空、有效促进交易活动实现的全新的营销模式。从互联网、信息技术的高速发展角度看，21 世纪企业的营销必将以网络营销为主流。然而任何事物在发展的过程中出现问题是不可避免的，网络营销依托网络技术的发展，现阶段也同样面临一些问题。

1. 企业观念问题

有些中小企业对开展网络营销的认识不深，没有充分意识到在知识经济时代抢占网络信息对赢得企业未来竞争优势的重要性，更没有把网络营销作为企业发展的一种战略。有些中小企业对网络营销的认识过于简单，只是把网站和网络营销看成一个孤立的市场推广手段，并没有真正地将网络营销与企业的整个经营过程结合起来。

2. 信用与安全问题

开展网络营销的一个关键问题就是信誉问题，没有实际交往的双方如何取得彼此的信任是困扰网络营销的一大难题。中小企业普遍存在规模小、实力较弱的情况，因此，抗风险能力差，成长性不强，信用程度往往很低，一定程度上造成了企业融资难、对外交往难的问题，严重影响了网络营销的效果。另外，网络的安全性问题也是开展网络营销的一大阻碍，是中小企业与消费者共同担心的问题。由于互联网的开放性，网络交易面临着种种风险，网上交易缺乏安全性。

3. 人才问题

人才是企业经营管理中最重要的因素之一。在网络营销过程中，中小企业需要既懂网络技术又懂营销管理的高素质复合型人才。多数中小企业因为资金、制度、管理等方面的原因，难以吸引和留住网络营销人才。有的企业技术人员不懂营销方面的知识，过分强调技术，忽视客户的需要，导致系统使用状况不佳。

4. 企业管理问题

许多中小企业管理水平落后，管理基础薄弱，信息化水平偏低，影响了网络营销的顺利发展。开展网络营销，要求中小企业必须以先进技术为支撑，对传统营销的组织形式、管理模式、经营方式和营销观念等方面进行根本性变革，围绕核心业务开展流程重组，重新设计和优化企业业务流程，从而使技术与企业的管理和运营有机结合起来。

二、物流网络营销策略

在电子商务环境里，市场的运作机制、环境条件和技术基础都发生了深刻的变化。这时，企业创立网络营销战略方案和市场开拓策略，创造竞争优势，需要以信息化和市场定位为基础。

（一）物流网络营销的信息化基础

1. 建立企业的信息优势

在网络和信息化的社会里，信息优势是企业在未来市场竞争中的生存之源和立足之本。信息优势并不是指企业拥有多少信息，而是指企业获取信息和处理信息的能力，宣传商品信息和获取关键市场分析、经营状况、决策支持以及新产品开发信息的能力。这些信息优势可以从不同的角度得到，也可以从不同的角度建立。企业战略决策管理人员考虑的问题主要有以下两个方面：

（1）建立企业内部的管理信息系统。建立全面涉及企业内部产、供、销以及生产、经营、管理等几个主要环节的管理信息系统，全面提高企业管理工作的质量和效率，是建立企业内部管理整体信息优势的必要措施，也是系统投入和开发工作量最大的一个环节。

（2）建立合理的信息管理模式。合理的信息管理模式分为三部分：

一是加强基础数据的建设，这是决定企业信息优势的基础。基础数据包括市场采样调查数据，产、供、销和经营状态统计数据，产品及企业形象数据，等等。企业可以通过数据库技术设立各种内部数据库。

二是企业的网址。同企业的名称、品牌、商标一样，对它的宣传和它的知名度是企业信息优势的重要组成部分。

三是信息管理和利用的水平，这是建立企业信息优势的关键。

2. 充分利用网络和信息优势

建立了企业的信息优势后，实现网络战略的下一个任务就是要策划如何充分利用网络和信息优势。因为网络营销的最终目的就是将这种信息优势转化成商业竞争优势和利润。充分利用网络和信息优势的措施主要有以下两个方面：

（1）充分利用信息来研究市场和策划营销运作过程。研究市场包括利用销售统计和市场抽样分析消费者行为、市场发展变化的趋势、竞争对手经营策略、市场占有率等，然后有针对性地对企业及产品（品牌）进行包装和形象设计，以吸引更多的消费者，占领更大的市场份额。对消费趋势的分析有助于企业开发适销对路且无价格风险的新产品；对竞争对手经营策略的分析有助于企业有的放矢、有针对性地制定对策；对市场状况的分析有助于企业了解和进一步开拓市场（如寻找货源和扩展销售渠道等）。

（2）充分利用信息开展服务。网络环境下的信息服务有多个方面：

1）对企业的各级管理人员来说，要利用信息优势开展各种生产、经营、管理分析，以全面提高企业管理的水平和质量。

2）对企业各类采购人员来说，要充分利用网络和信息优势，大范围地寻找物美价廉的货源。

3）对于营销人员来说，要充分利用网络技术来策划和实现自己的营销目的。

4）对于企业来说，要利用网站这一营销窗口，为消费者提供更多的服务，同时为企业赢得更多的消费者。

5）对于分销商、联营企业和商业合作伙伴来说，既要充分利用网络来了解生产、经营和市场信息，又要充分利用网络来传播管理指令。

（二）物流网络营销市场定位

市场定位是整个网络营销的基础，要想准确客观地进行网络营销的市场定位，必须搞清楚以下几个关键问题。

1. 定位网上的营销目标

（1）产品或服务是否适合在网上营销。一般来说，标准化、数字化、品质容易识别的产品或服务适合在网上营销。

标准化的产品或服务是指很少发生变化，以至于消费者很容易识别其性能的产品或服务。数字化产品或服务是指可以用符号表示，能利用网络传递的产品，如软件、信息资料、部分票证和电子出版物等。品质容易识别是指产品或服务有不同于其他同类产品或服务的地方，以至于消费者很容易识别其品质。

（2）分析网络竞争对手。网络竞争对手往往与现实中的竞争对手一致，网络只是市场营销的一个新战场。对于竞争对手的分析不可拘泥于网络，必须确定其在各个领域的策略、营销手法等。要访问竞争对手的网站，了解竞争对手的最新动作，包括市场活动；要注意本企业站点的建设，以吸引更多的消费者光顾；更多的竞争对手分析可在现实中实现。

（3）目标市场客户应用互联网的比例。网络营销并非万能，它的本质是一种新的高效的营销方式。目标市场客户应用互联网的比例，无疑是一个非常重要的参数。假如目标市场的客户基本不使用互联网，那在互联网上营销显然是不值得的。面对这样的情形，可以通过互联网完成原传统营销方式的一部分功能，如广告宣传等。

（4）确定具体的营销目标。网络营销应有相应的营销目标，须避免盲目。有了目标，还需进行相应的控制。网络营销的目标总体上应与现实中的营销目标一致，但由于网络面对的市场客户有其独到之处，且网络的应用不同于一般营销所采用的各种手段与媒体，因此具体的网络市场目标确定应稍有不同。

2. 网络商品资源的开发

选择和开发网络商品资源对网络营销十分重要。每个企业都要根据市场的需求和企业自身的特点选择适合本企业网络营销的商品。在选定网上目标市场后要做的事是对网上商品进行定位，以期在目标市场中确定一个有价值的地位，要有与众不同的商品，与本企业的目标市场密切结合。

一个完整的商品概念可分为核心商品、实体商品和延伸商品三个层次。核心商品是商品所提供的核心利益或服务，通过满足消费者的需要，体现企业的核心竞争力。实体商品是核心利益概念的转化，通常实体商品具有五种特点：类型、特性、质量、品牌和包装。在实体商品之外更多的服务与利益，构成了延伸商品，如安装、销售服务、运送等。互联网为延伸商品提供了方便、创造了空间。通过网络，公司可为客户提供一系列增值服务，带给客户整体的感受，这也是网络商品定位成败的关键。

3. 网络客户资源的开发

在买方市场下，客户的开发远比产品开发困难得多。客户开发一般包括以下几方面内容：

（1）识别客户。识别客户就是要得到尽可能详尽的客户信息。客户信息不是静态的，除了客户的基本资料，还应该包括客户的动态行为。行为一般体现在客户的历史记录中。客户同企业之间可能存在不止一个接触点，当客户购买不同的产品时，企业要能够清楚地知道这是在跟同一个客户打交道。识别客户的重要性不言而喻，可以让企业了解哪些客户是最有价值的，这是后续步骤的基础。

（2）区分客户。区分客户是为了将客户分为不同的客户群。最基本和简单的区分方法是将整个客户群分为两类：VIP 客户群和非 VIP 客户群。这两类客户群的需求有很大差别。企业要将主要的精力集中在那些重要客户身上，为他们提供更好的产品和服务。根据管理学中的"二八原理"，企业的 80％的营业收入都是来自 20％的重要客户。当然，企业还可以将客户群进一步细分为三种、四种，甚至更多种类别，为每种类别设立不同的优先级。

（3）与客户交互。与客户的交互或者说交流非常重要，因为有了不同优先级的客户群，这种交互便是针对不同客户群，甚至是单个客户而有区别的。为了使交流更加经济、有效，企业需要采用尽量现代化和自动化的工具和手段。与客户交互的目的是进一步了解每个客户的个性化需求，将每个客户的潜在价值尽可能以量化的方式体现出来。

（4）提高客户的忠诚度。在客户关系管理中，有一个非常重要的术语叫客户忠诚度，它以客户流失率、客户平均交易年龄、客户在企业的交易量占其总消费量的比例等指标来度量。客户忠诚的基础是客户对企业长期的服务表现产生了信任，以至于即便有多家供应商可以选择，客户仍然心甘情愿、一如既往地同该企业合作。客户的信任是企业品牌价值的组成部分。

同步实训

物流网络营销案例撰写

实训形式：

小组调研。

实训内容：

收集某物流公司的营销资料，撰写一篇物流公司网络营销案例，并制作 PPT。每组派 2 名同学，在课堂上进行案例介绍，1 名同学负责介绍案例，1 名同学负责操作 PPT，最后由教师进行点评。

实训步骤：

（1）全班同学自由分组，每组 4～5 人。

（2）各组分别进行讨论，明确组内分工。

（3）通过多种渠道收集某企业物流网络营销的资料等，整理成完整的网络营销案例。

（4）形成企业物流网络营销方案，并按照规范的格式排版。

（5）制作 PPT。

（6）小组长代表本小组在课堂上进行分享。

实训评价：

任务实训评价表如表 8-2 所示。

表 8-2　任务实训评价表

评价项目	评价标准	分值	教师评价（70%）	小组互评（30%）	得分
知识运用	掌握物流网络营销的技术及方法	35			
技能掌握	能够开展物流网络营销策划	35			
成果展示	PPT 概括性、逻辑性强，美观大方	20			
团队表现	团队分工明确、沟通顺畅、合作良好	10			
合计					

项目练习

一、单选题

1. 广义的国际物流是指（　　）。

A. 国际货物物流　　　　　　　　　　　B. 贸易型国际物流

C. 非贸易型国际物流　　　　　　　　　D. 贸易型国际物流与非贸易型国际物流

2. "货物在国际物流节点停留、通过储存和储备来调节整个物流系统的运行"体现的是国际物流节点的（　　）。

A. 衔接转换功能　　　　　　　　　　　B. 储存储备功能

C. 物流信息功能　　　　　　　　　　　D. 物流管理功能

3. 以存放货物为主要功能、国际货物停留时间最长的物流节点是（　　）。

A. 流通型节点　　　B. 综合型节点　　　C. 转运型节点　　　D. 储存型节点

4. 下面哪个不是第三方支付工具？（　　）

A. 支付宝　　　　　B. 百付宝　　　　　C. 招商银行　　　　D. 财付通

5. 问题解答的缩写是（　　）。

A. FAQ　　　　　　B. QOA　　　　　　C. FOQ　　　　　　D. FQA

二、多选题

1. 网络市场调研的特点有（　　）。

A. 及时性和共享性　　　　　　　　　　B. 交互性和充分性

C. 无时空、地域限制　　　　　　　　　D. 便捷性和低费性

2. 下面哪些是即时通信工具？（　　）

A. MSN　　　　　　B. QQ　　　　　　C. SKYPE　　　　　D. Hotmail

3. 网络营销产品整体概念包括（　　）。

A. 核心产品　　　　B. 形式产品　　　　C. 期望产品　　　　D. 延伸产品

4. 网站开发技术包括（　　）。

A. 网页编辑工具　　　　　　　　　　　B. 服务器

C. 数据库管理系统·　　　　　　　　　D. 网页语言

5. 搜索引擎的种类有（　　）。

A. 全文搜索　　　　B. 站内搜索　　　　C. 全球搜索　　　　D. 目标搜索

三、简答题

1. 简述国际物流市场营销的含义。

2. 国际物流市场的进入方式有哪些？

3. 试举例说明网络营销的策略及其优缺点。

参考文献

［1］胡延华．物流营销［M］．3 版．北京：高等教育出版社，2019.

［2］袁炎清，范爱理．物流市场营销［M］．3 版．北京：机械工业出版社，2008.

［3］楚金华，夏宝华．物流营销［M］．北京：北京师范大学出版社，2012.

［4］唐铮．物流营销实务［M］．上海：上海交通大学出版社，2020.

［5］陶欣，张海霞，卢琳．物流营销与客户服务［M］．北京：中国人民大学出版社，2017.

［6］陈玲，王爽．物流服务营销［M］．上海：立信会计出版社，2010.